作りおき ＋ 帰って15分 で いただきます！

すぐラク
おうち幼児食

管理栄養士
藤原朋未

Ⓘ池田書店

帰って急いで夕飯作り。

「お腹空いた！」コールを浴びながら、夜の戦場を過ごす日々。

ゆっくり座る時間もなく、毎日が一瞬で過ぎていくように感じませんか？

子育て中は何かと時間が足りないものです。

「ごはん作りに時間がかかる」「作り分けや取り分けは面倒」

「でも、子どもに栄養のあるものを作ってあげたい！」

そんな皆さんのお悩みを解消するために、【すぐラク おうち幼児食】をご提案します。

本書では副菜はすべて2食分、作りおきができるレシピにしています。

作りおきおかずが1品あるだけで、時間と心に余裕が持てるはず。

手軽にできる主菜と合わせれば、帰って15分で「いただきます！」が叶います。

なるべくキッチンに立つ時間が短くなるよう、電子レンジや炊飯器だけで

完結するレシピもふんだんに取り入れました。

もちろん、子どもが食べたい味付け、

大人もおいしい味わいで家族みんなで食べられます。

この本の中から、くり返し作りたい

お気に入りのレシピがたくさん見つかりますように。

藤原朋未

本書の特長

本書で提案する献立のおかずは、作りおきの副菜と
帰って15分でできる主菜で構成されています。

- 時間をおくと味なじみがよくなる
- 調理時間は15分以内、隙間時間に作れる
- 食事の用意をあわてずにできる

主菜 帰って15分

- 作りたてを食べることができる
- 調理時間は、帰ってから15分で作れる
- 食べたいもの、使いたい食材でメニューを考えられる

↓

すぐラクにいただきます!

ママのリアルな声を集めました!

子どもの「食」に関して、
多くのママたちが悩みを抱えています。

夕飯作りに45分以上は
かかってしまう。
30分以内に作って、食卓に
並べるのが理想だけど…

子どもが好きな味付けで、
さらに栄養もばっちり!
というレシピが知りたい

作りおきは
便利そうだけど、
休日を使ってまとめて
作るのはつらい

子どもに合わせると
味が物足りない感じがする。
子どもも大人もおいしい
レシピが知りたい!

COLUMN 1

主菜 ⏰ 帰って15分

もくじ

幼児食・作りおきのきほん

1歳半〜2歳のレシピ

副菜 🗄 作りおき

本書の使い方

日持ち

作りおきの保存期間は冷蔵が3日間、冷凍ができるものは6日間としています。作った日を1日目としてカウントしています。おいしいうちに食べきれる日数の目安です。

材料

レシピの分量は、**1食分＝大人2人＋子ども1人分**です。作りおきの副菜は、**2食分**の分量になっています。1歳半～2歳は1食分の全量の1/7～1/6、3～5歳は1/5が目安量です。

調理器具

メインで使う調理器具をアイコンで示しています。

- 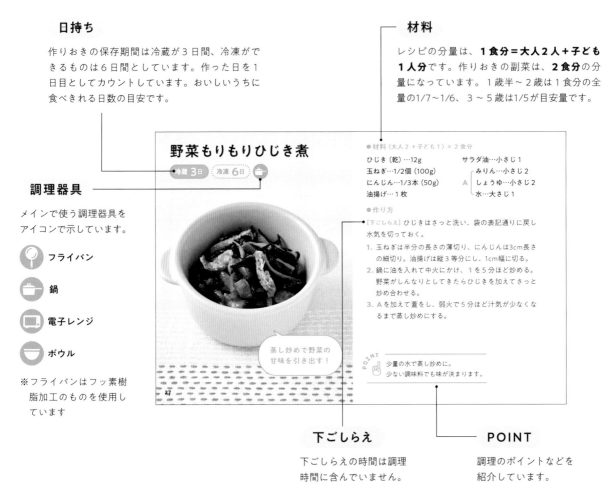 フライパン
- 鍋
- 電子レンジ
- ボウル

※フライパンはフッ素樹脂加工のものを使用しています

野菜もりもりひじき煮

冷蔵 3日　冷凍 6日

蒸し炒めで野菜の甘味を引き出す！

27

●材料（大人2＋子ども1）×2食分
ひじき（乾）…12g
玉ねぎ…1/2個（100g）
にんじん…1/3本（50g）
油揚げ…1枚

サラダ油…小さじ1
A 　みりん…小さじ2
　しょうゆ…小さじ2
　水…大さじ1

●作り方
[下ごしらえ] ひじきはさっと洗い、袋の表記通りに戻し水気を切っておく。
1. 玉ねぎは半分の長さの薄切り、にんじんは3cm長さの細切り。油揚げは縦3等分にし、1cm幅に切る。
2. 鍋に油を入れて中火にかけ、1を5分ほど炒める。野菜がしんなりとしてきたらひじきを加えてさっと炒め合わせる。
3. Aを加えて蓋をし、弱火で5分ほど汁気が少なくなるまで蒸し炒めにする。

POINT
少量の水で蒸し炒めに。
少ない調味料でも味が決まります。

下ごしらえ

下ごしらえの時間は調理時間に含んでいません。

POINT

調理のポイントなどを紹介しています。

[本書の決まり]

・本書のレシピは、基本的に幼児食前期から後期の子どもを対象にしています。食べられる大きさや硬さ、分量などは個人差があるので、子どもの成長段階や様子に合わせて調整してください。
・食物アレルギーがない子どもを対象としています。はじめて食べる食材は、必ず少量から試してください。
・保存期間は目安です。夏場は傷みやすいので、早めに食べきるようにしてください。
・分量の大さじ1は15ml、小さじ1は5ml、1カップは200mlです。
・とくに表記がない場合は、種を取る、ヘタを取る、皮を剥くなどの下処理をしてください。
・にんじん、玉ねぎなどの野菜は中サイズ、卵はMサイズを使用しています。
・バターは有塩を使用しています。
・電子レンジは600Wでの目安です。機種によって加熱時間は様子を見ながら調整してください。
・オーブントースターは1000Wでの目安です。機種によって加熱時間は様子を見ながら調整してください。
・グリルの加熱時間は、両面焼きのものでの目安です。片面焼きの場合は設定時間を少し長くして調整してください。

幼児食・作りおき
のきほん

「離乳食とは違うけど、
幼児食ってなんだろう？」
幼児食は、大人食への
ステップアップ期間の食事です。
まだ成長途中の子どもに合わせた
食事について、知っておきたいことや
ポイントを紹介します。
また、作りおきのメリットと
注意点なども紹介します。

幼児食って？

　幼児食は、離乳食が完了してから、就学前6歳くらいまでの大人の食事に近づくまでの準備段階の食事をさします。まだ大人と同じものは食べられませんが、離乳食のころよりは食べられるものが増えてくる時期です。しかし、「幼児食」とひと口にいっても1歳半と5歳とでは食べられるもの、調理法などにはまだ差があります。いろいろな食材を食べて味覚や噛む力を育てながら、食事を楽しむことを伝えたいところです。

　幼児期の子どもは、活動量も増えるので、必要なエネルギーや栄養素をしっかり摂ることが大切です。栄養バランスのよい食事が、丈夫な体を作ることにつながります。また、食事環境も変化のあるころです。2歳ごろまでには手づかみ食べからスプーンやフォークを使えるようになり、早いと3歳ごろからおはしを使うことを意識するようになります。子どもの成長に合わせて食事環境を整えるようにしましょう。

幼児期に摂りたい栄養

　健康な体づくりに必要な5大栄養素。ここにプラスして水分、食物繊維を意識して摂ればバランスはばっちり。日々の食事でまんべんなく栄養素が摂れるのが一番ですが、難しいこともあるかもしれません。まずは、どの栄養がどんな働きをするのかを知り、意識することからはじめてみましょう。

＼ 5大栄養素 ／

1　炭水化物

体や脳を動かすためのエネルギー源。子どもの成長にも、集中力UPにも重要な栄養素です。

[食品例]
ごはん、パン、めん類、いも類など

2　脂質

力や体温のもとになるエネルギー源で、細胞膜の構成成分として働きます。適量を超えると体脂肪となり蓄積されるため、摂りすぎに注意。

[食品例]
バター、チーズ、油脂類、青魚など

3　たんぱく質

骨や筋肉、臓器など体を作ったり、体の働きを調節するホルモンを作るのに必要な成分。動物性、植物性とあるのでバランスよく摂りたいです。

[食品例]
肉、魚、卵、豆類、乳製品など

4　ビタミン

脂溶性と水溶性に分けられる。免疫力を高めたり、皮膚や血管、骨などを丈夫にしたり、抗酸化作用、成長を促すなどの効果があります。

[食品例]
野菜、きのこ類、果物など

5　ミネラル

カルシウムや鉄、銅、亜鉛などを含みます。体の調子を整えたり、骨や歯を作る材料になります。

[食品例]
野菜、海藻類、豆類、乳製品など

幼児食の献立例

副菜

野菜や海藻類などを中心としたサブのおかず。主食と主菜で不足しているビタミンやミネラルを摂るようにします。

主菜

肉や魚などのたんぱく質が摂れるメインのおかず。野菜と組み合わせると、栄養バランスがさらによくなります。

主食

ごはんやパン、めんなどの炭水化物。主菜と主食を合わせて、丼ものやめん料理として１皿でバランスよくまとめても。

汁物

主菜や副菜で足りない栄養を補ったり、水分を補給したりします。野菜や肉、魚などを入れて具だくさんにすれば、主菜や副菜の代わりにも。

献立作りの３つのススメ

1 献立は、いろいろな食材や味付けにした、一汁二菜が基本となります。主菜、副菜、汁物、主食の４品で組み立てると、自然とバランスのよい献立ができあがります。和食に限らず、洋食や中華でも基本は一汁二菜がおすすめです。

2 焼く、炒める、煮る、揚げるなどの調理法の違いで食感や風味も変わります。また、味付けも工夫をすると、レシピのバリエーションが豊富になり、献立の幅も広がります。

3 献立を毎食栄養バランスよく考えるのは難しいものです。１日単位で考えて前後の食事と合わせてバランスを整えればOKとしましょう。

子どもの分量ってどうやって計算するの？

子どもが２人、３人と複数いる場合、レシピの分量をどう調整したらいいのでしょうか。大人分だと単純に倍量にして調整できたりもしますが、子ども分は「大人ほど多く食べないし…」と悩むところです。
基本として、**子ども１人分（３〜５歳）は、大人の0.5倍（半分）**を目安としています。本書のレシピは、**大人２人＋子ども１人分**としています。本書のレシピ（とくに副菜レシピ）は、材料を使い切りやすい分量にしていることもあり、たっぷりな分量ができあがります。しかし、食べる量は個人差がありますので、子どもが２人の場合や本書の分量では足りないなどありましたら、レシピの1.2倍の分量を目安にして作ってみてください。

幼児食のポイント

心も体も成長途中の幼児期は、大人食への準備段階。食材選びや味付け、食材の大きさなども気にしたい時期です。また、食事を通して「食べることって楽しい！」と感じる心を育てたいので、時間のある日は家族で一緒に食卓を囲みましょう。楽しく会話をしながらの食事は、子どもの「食べたい」気持ちを高めます。

3歳ごろまでは、手づかみ食べからスプーンやフォークを使って自分で食べられるようになる練習の時期です。まだまだ大人が手伝ったり、ひざの上で食べたいといったりすることもあります。また、よく食べる子・食べない子や、自分でやりたいのにうまくできなくて泣いちゃう子がいたり、こだわりが強くなってくる時期でもあるので、子どものペースを大事にして見守りましょう。

幼児食 知っておきたい4つのキーワード

☑ **薄味**
味覚が育つ時期なので、いろいろな味を体験させたいところですが、まだ体の機能は成長過程。塩分や脂質の摂りすぎは体に負担をかけてしまいます。素材の風味やうま味を感じられる薄味を基本とします。

☑ **新しい味や食材**
味覚の幅を広げるためにも、新しい味付けや食材を使ってみましょう。調味料は14pの一覧を参考にしながら、新しく取り入れてみてください。食材も好きなものに偏らずに、バランスよく取り入れてみて。

☑ **食事を楽しむ**
家族で食卓を囲んで楽しく和やかに食べることで食欲が増したり、積極的に自分から食べるようになったりもします。「食べることって楽しい！」と思える食卓の雰囲気や環境づくりを心がけてみましょう。

☑ **大人食への ステップアップ**
幼児食は、6歳までの未就学児を対象としています。それ以降は、分量、味付けの濃さなどは調整しつつにはなりますが、大人と同じものを食べられるようになります。幼児食の段階で食生活を整えて、食事のマナーも身につけておきましょう。

食材の切り方

食材は、切り方でやわらかくなったり、味のしみこみがよくなったりします。
また、時期に合わせて子どもが食べやすい大きさに切ることで、
自分の力で食べることができるようになります。

肉

そぎ切り

表面積が広くなり、火の通りも早くなります。また肉の繊維を断つように切れば硬くなりにくいです。

筋を取る

口に残りやすい筋は、取るようにします。白い筋に沿って切り離し、もう片方も筋に沿って包丁を入れて切ります。

魚

食べやすい大きさ

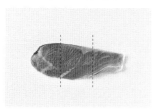

魚の切り身は、3等分くらいが食べやすい大きさになります。1歳半～2歳の場合は、調理後にはぐしたり、さらに小さく切ってあげましょう。

野菜

葉物

茎は2～3cm長さに切り、葉は縦横に包丁を入れて2～3cm角のざく切りにします。葉の部分は、繊維があるので噛み切りにくく、口の中に残りやすいのでなるべく小さく切るようにしましょう。

根菜

輪切りや斜め切りにしてから細切り、短冊切りなどにすると繊維を断って切ることができるのでやわらかくなります。

盛りつけるときに切る

肉や魚は、食べやすいようにとはじめから小さく切って調理をすると、火が通りすぎてしまい、硬くなったり、パサついたりしてしまいます。焼いたり、煮たりして、お皿に盛りつけるときにキッチンバサミで小さく切ればOK。
また、すべてを小さくひと口サイズにせずに、あえて大きめに切って、自分でかじりとったり、フォークやおはしで切り分けることも経験させてみましょう。

調味料はどこまでOK？

　嗜好が育つ幼児期。離乳食のころには使ったことのない調味料を使って新しい味を経験させてあげましょう。辛みや刺激の強いものは避けたいですが、マヨネーズやケチャップ、カレー粉などは味付けのバリエーションとして使用してOKです。ただし、つけすぎやかけすぎにならないよう、注意が必要です。

　濃い味付けの料理は塩分や脂質が多い傾向があり、消化器官に負担をかけてしまいます。また、濃い味付けに慣れてしまうと素材の味やうま味を感じにくくなることも。薄味を習慣化させることは、子どもだけでなく家族みんなの健康にもつながります。

調味料OK・NG一覧

食品名	1歳半〜2歳	3歳〜5歳	概要
こしょう	△	△	刺激が強いので、風味付け程度に使います。
ソース	△	○	塩分を多く含むので、使いすぎ（かけすぎ）に注意。
トマトケチャップ	○	○	甘味・うま味が強く、子どもが好む味付けに。量には注意。
マヨネーズ	○	○	コクがあり野菜が食べやすくなります。炒め油として使用するのも◎。量には気を付けて。
ドレッシング	△	△	塩分が多いので少量に。積極的に使う必要はありません。
みりん・酒	○	○	アルコールが使われているので、加熱してアルコールを飛ばして使います。
オイスターソース	△	○	塩分を多く含むので、使いすぎに注意。
カレー粉	○	○	香りが食欲をそそります。刺激が強いので風味付け程度に。
酢	○	○	酸味が苦手な子どもは多いので、加熱したり、砂糖を加えたりすることでまろやかにして。
はちみつ	○	○	乳児ボツリヌス症の恐れがあるので、1歳未満はNG。1歳以降は甘味付けなどに少量から。

> ※3歳〜5歳になると、使用可能な調味料の幅がぐっと広がります。はじめて使うときには、念のため少量で試してからにしましょう。

○…食べさせて問題ない
△…使い方に注意が必要
✕…避けたほうがよい

「だし」って実はめんどくさくない!

レシピに「だし汁」があると、「難しいのでは?」「めんどくさいな」と億劫になることがありませんか? 実はだし汁は材料を一晩浸けておくだけで簡単に作ることができるのです。手順は水に昆布やかつお節を入れるだけ。とってもラクにできあがります。もちろん市販品でもOKです!食塩などの調味料が添加されていないだしパックや粉末だしであれば、手作りのだしに近い味わいです。

● 材料

水…1ℓ
昆布…10g
かつお節…10g

● 作り方

容器に材料をすべて入れて、冷蔵庫で一晩おく。

\ 完成! /

一晩
おくと…
→

※かつお節は、不織布のネットなどに入れると濾す必要もなく手軽です。

「子どもの食が進まない…」というときのお助け食材!

「幼児食は薄味」といいますが、単純に味付けを薄くするのでは物足りなく感じてしまうことも。そんなときは食欲を促す効果のある香りや、風味のある食材をプラスしてみましょう。おすすめは、カレー粉と青のり。どちらも少量で風味がアップするので、ちょい足しして味にバリエーションを持たせましょう。

青のり

カレー粉

\ 実際に本書のレシピでも使用しています! /

ひき肉と大豆と
ひじきの
カレー炒め(48p)

ささみの
青のりピカタ(49p)

ふんわりお豆腐
鶏団子スープ(108p)

さば缶とれんこんの
カレーパエリア(111p)

ＯＫ・ＮＧ食材リスト

離乳食のころより食べられるものが増えてきますが、噛む力や消化器官が発達途中な幼児期。
塩分や油分が多いもの、刺激の強いもの、生ものなどは、まだ気を付けたい食品です。

気を付けたい食品一覧

	食品名	1歳半～2歳	3歳～5歳	概要
米・めん	玄米	△	△	白米より消化吸収に時間がかかります。水を多めにしてやわらかめに炊きましょう。
	赤飯・おこわ	△	○	もち米は弾力があるので、奥歯が生えてくるころからに。
	もち	×	○	喉に詰まる恐れがあるので、3歳ごろから。小さくちぎって食べさせましょう。
	そば	△	○	アレルギー反応が強く出る可能性も。少量から。
	中華めん	○	○	油分を含み、弾力があるので、やわらかく茹でて、食べやすい長さにします。
	春雨	○	○	つるつると丸飲みになりやすいので、食べやすい長さに切りましょう。
肉・魚・卵・肉魚加工食品	あさり	△	○	噛み切りにくいので細かく刻みます。
	魚卵	△	△	塩分が多いので、少量に。
	えび・かに	○	○	アレルギー反応が出る可能性があるので、少量から。
	いか・たこ	△	○	弾力があり噛み切りにくいので、食べやすいように小さく切ります。
	刺身	△	○	鮮度のよいもの、やわらかいものを選んで。
	干物	△	△	塩分が多いので、少量に。
	かまぼこ	○	○	弾力があるので薄く切ります。塩分が多いので少量に。
	ちくわ	○	○	弾力があるので小さく切ります。塩分が多いので少量に。
	ハム・ソーセージ・ベーコン	○	○	塩分控えめ、添加物の少ないものにしましょう。料理の味付けとしても使えます。
	生卵	×	△	食中毒の恐れがあるので、生で食べるのは3歳ごろから。割ったらすぐに食べましょう。新鮮なものを選んで。

○…食べさせて問題ない
△…使い方に注意が必要
✕…避けたほうがよい

	食品名	1歳半～2歳	3歳～5歳	概要
野菜・海藻	生野菜	△	○	繊維質は、奥歯がないとすり潰しにくいので、奥歯が生えてから。
	たけのこ	△	○	繊維が多いので、2歳ごろから。やわらかい穂先を食べやすく刻みます。
	しょうが	○	○	刺激が強いので、少量で風味付けや香り付けに。
	にんにく	○	○	刺激が強いので、少量で風味付けや香り付けに。
	切り干し大根	○	○	やわらかく茹で、刻みます。
	こんにゃく	△	○	弾力があり噛み切りにくいので、食べやすいように小さく切りましょう。
	漬け物・キムチ	✕	△	塩分が多く、刺激も強いので食べさせなくても。
	味付けのり	△	△	味付けが濃いので、食べさせるなら普通の焼きのりを。
飲み物	緑茶・ウーロン茶	△	△	カフェインを含むので、水で薄めて少量にしましょう。
	コーヒー	✕	✕	カフェインを含むので、飲ませなくていいでしょう。
	炭酸飲料	✕	✕	炭酸の刺激が強いので、飲ませなくていいでしょう。
	乳酸菌飲料	△	△	糖分を多く含むので、不向き。濃い味もくせになりがち。
	飲むヨーグルト	△	△	糖分を多く含むので、不向き。濃い味もくせになりがち。
そのほか	ナッツ類	△	△	アレルギー反応が出る可能性があるので、少量から。細かく砕いて。
	菓子パン	△	△	糖分、油分が多いので少量に。
	スナック菓子	△	△	塩分、油分が多いので、薄味の子ども向けのものに。
	アイスクリーム	△	△	糖分、脂肪分が多いので、少量に。
	生クリーム	△	△	脂肪分が多く、糖分も含まれるため、少量で。

作りおきのきほん

平日に作りおきを作る
ヒマがない…

夕飯作りに30分はかかる…

会社勤めのBさん　　　専業主婦のAさん

	6:00 起床
起床 6:30	
保育園登園 8:00	
	8:30 幼稚園登園
	14:00 降園
	16:00 習い事送り
	17:00 習い事お迎え
退社 17:30	**17:30 夕飯作り**
保育園お迎え 18:00	18:00 夕飯
夕飯作り 18:30	
夕飯 19:00	
	20:00 お風呂
お風呂 20:30	21:00 寝かしつけ
寝かしつけ 21:30	

家事に仕事、育児をしながら、毎日の献立を考えるのは本当に大変なこと。大人だけなら「市販品でもいいか…」となるところですが、成長期の子どもがいると栄養バランスなどが気になり、そういってばかりもいられません。献立を考えるときに、「あ、あのおかずが作りおきであった！」となれば、心の焦りが解消され、ちょっと気持ちや時間に余裕ができますよね。

さらに、本書では「帰って15分」でできる主菜レシピを紹介しているので、その主菜と作りおきの副菜、汁物とごはんを用意したら、バランスのよい献立のできあがり！

「すぐラク おうち幼児食」
ならば…

 作りおき **副菜**

・調理時間は15分以内で
　隙間時間に作れる
・時間をおくことで味なじみがよくなる
・食事の用意をあわてずにできる

＋

 帰って15分 **主菜**

・調理時間は、帰ってから15分
・作りたてを食べることができる
・その日食べたいものや使いたい食材で
　メニューを考えられる

帰って15分で「いただきます！」

冷蔵と冷凍の使い分け方

冷蔵保存

保存期間は？	>>	3日目を目安に！	作った日を1日目として、3日目で食べきるようにしましょう。幼児食は塩分が少なめなので、保存期間をやや短く設定しています。
メリットは？	>>	すぐに食べられる！	冷蔵庫から出してそのまま食卓へ並べられるものは、すぐに食べられます。温めるものでも、冷凍保存に比べると短い時間で温まります。
		味なじみがよくなる！	作ったその日に食べてもおいしいのですが、時間をおくことで味がさらになじんでおいしさが増すものもあります。
注意することは？	>>	☑ 味なじみがよくなる分、しみこみすぎて味が濃くなってしまうことも。漬け汁があるものなどは、食材が減ったら漬け汁も少し減らすなどしましょう。 ☑ 保存期間がやや短いので、3日間で食べきれる分量で作るようにしましょう。	

冷凍保存

保存期間は？	>>	6日間を目安に！	冷蔵保存と同じく作った日を1日目とします。冷凍期間は長くなると、変色やにおいが気になったりすることがあるので、6日間で食べきるようにしましょう。
メリットは？	>>	小分けにして保存！	大人分、子ども分でそれぞれ1人分ずつに分けて冷凍しておくと、時間差で食べるときに温めやすくて便利です。
		うま味がアップ！	冷凍することで食材の細胞が壊れ、味がしみこみやすくなります。とくにきのこ類やトマトは、細胞が壊れることでうま味がアップするのでおすすめです。
注意することは？	>>	☑ じゃがいもや水分を多く含む野菜、豆腐などは食感が変わったり、水っぽくなったりして冷凍には向かないので気を付けましょう。	

作りおき必須アイテム

冷蔵・冷凍での保存の際に必要な容器、温め方、衛生面での注意点をまとめました。
料理ごとに適したものを使って、正しく保存してください。

冷蔵 　　　　　　　　　　　　　　　　　　　　 冷凍

ホーロー
表面はガラス質で見た目が
おしゃれなので、そのまま
食卓に並べても。電子レン
ジでの加熱はNG。耐久性
も高いです。

プラスチック
軽くて電子レンジ加熱可能
なものが多いです。値段も
安価。

マスキングテープ
作った日付を書いて貼るの
に便利。保存容器の中身
が見えないときには、メ
ニュー名もメモしておきま
しょう。

ラップ
ぴったりと包むことで、乾
燥防止や鮮度を保つことが
できます。

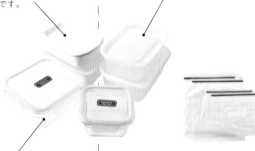

保存袋
耐熱、耐冷があり、しっか
りと密閉できる袋。液体や
乾物も保存できます。保存
容器よりもかさばらず収納
可能。分量に見合ったサイ
ズのものを選びましょう。

バット
汁物を保存袋に入れてバット
にのせ、冷凍すると形よ
く凍ります。熱伝導率が高
いステンレス製バットは、
冷凍速度を速めることがで
きます。

ガラス
中身が見えるので何が入っ
ているかわかりやすいで
す。冷凍はNGですが、耐
熱であれば電子レンジ加熱
可能。ソースなどの色やに
おいうつりもしにくいです。

保存容器
深さがあり、きちんと密閉性のある蓋つきのものがお
すすめ。透明で中身が見えるもの、冷凍可能、電子レ
ンジ加熱可能など素材によって使い分けましょう。

どうやって電子レンジで温める？

ふんわりラップで蒸気を逃がす
加熱をするときに、ラップを上からふんわりとかけ
ることで隙間から蒸気を逃がしつつ、温めることが
できます。ぴたっとラップをすると破裂の恐れも。
（冷蔵）

水分を少し足す
水を少しふりかけてから加熱すると、乾燥防止に。

加熱時間は調整する
解凍するときは、加熱時間は短めに設定します。温
めすぎると乾燥してパサついたり、硬くなってしま
うことも。様子を見ながら少しずつ加熱しましょう。
（冷凍）

再冷凍はNG
一度加熱して解凍したものは、再冷凍は絶対しない
こと。味が落ちるうえに、菌が繁殖する恐れもある
ので、加熱したら食べきるようにしましょう。

衛生面で気を付けることは？

容器、はし、手は清潔に
作りおきをするときの容器や、取り分けに使うはし、もちろ
ん手も清潔にします。汚れたものを使うと菌の繁殖の原因と
なります。洗剤で洗って乾燥させたものを使いましょう。水
分が残ったままだと、それもまた傷む原因になります。
（冷蔵）

中までしっかりと火を通す
とくに肉や魚などは加熱をしっかりとしましょう。加熱が不
十分だと冷蔵保存中でも菌が増え、食中毒を起こす恐れがあ
ります。

常温解凍はNG
解凍するときには、加熱解凍が基本。常温解凍は、解凍中に
菌が繁殖する可能性があります。冷蔵庫に入れての解凍は時
間はかかりますが、菌の繁殖は抑えられるのでOKです。
（冷凍）

蓋やラップをしっかりする
保存中に菌や余計な水分が入らないようにしっかりと密閉を
しましょう。汁漏れの防止にも効果があります。

1歳半〜2歳 のレシピ

離乳食が完了した次のステップが、
幼児食の前半期です。
まだやわらかいもの、食べやすいサイズなどを
心がけたいところです。

離乳食のころと比べて意思表示をはっきりとしてくるころです。見慣れないものや苦手なものに関しては、断固として食べないということもあるでしょう。ここで無理に食べさせると、さらに嫌いになってしまうこともあるので、無理強いは禁物。まずはその食材に興味をもたせることからスタートです。食べ物がテーマの絵本を読んだり、おままごとをしたりと遊びの中から取り入れてみてください。好きな食べ物が中心でも構いません。少しずつ苦手な食べ物にも挑戦していきましょう。調理前の食材に触れさせたり、好きな食べ物と組み合わせたりするのも効果的です。

また、好奇心旺盛なときなので、食事中に動きまわったり、遊び食べになってしまうことも。食事に集中できるよう、環境を整えてあげましょう。気分によって食事量が変わってしまうこともあるので、栄養を1回の食事で摂るというよりは、1日の食事全体で考えてあげれば大丈夫です。

1日に必要なエネルギー

男子：**950**kcal　女子：**900**kcal

【厚生労働省「日本人の食事摂取基準（2020年版）」より】
※1日3食＋2回のおやつ（15％はおやつで補給）

1食の食事量目安

	食品名	目安量
主食 ごはん	ごはん	子ども茶わん1杯（85〜110g） ※献立はごはんを中心に。 脂質や塩分の摂りすぎを防げます。
	うどん	1/2〜2/3玉
主菜	肉・魚	40〜50g ※魚の場合、1/2切れ ※卵や大豆製品も取り入れる
副菜 **汁物**	野菜	合わせて50〜100g 1日で200gを目指したい

口の中

大きく変化のある時期です。1歳半ごろには最初の奥歯の上下の噛み合わせができ、2歳半過ぎにはもう一つの奥歯が生えそろって、上下の乳歯列の噛み合わせが完成します。まだ繊維の多いものや弾力のあるものを噛み切ることが難しいので、とろみをつけたり、小さく切ったりと食べやすくするための工夫が必要です。

食べ方

手づかみ食べと並行して、スプーンやフォークを用意してあげましょう。いすは両足が床につき、まっすぐに座ってひじが机につくような高さに調整してください。カトラリーはまだうまく使えないので食べこぼしも多いころです。汚れてもよい服や食事用エプロンなどをつけて見守ってあげましょう。必要なときには大人がサポートを。

食材のサイズ目安

1歳半〜2歳は、よく噛まずに丸飲みしてしまうこともあります。
喉に詰まりやすい大きさは避けるようにし、小さめに切ります。

肉	魚	根菜	
 （実寸）	 （実寸）	いちょう切り  （実寸）	細切り （実寸）
小さく切りすぎると火が通りすぎて硬くなりやすいので、大きめに切っておいて調理後にキッチンバサミなどで**2cm角程度**に切るとよい。	切り身を**2等分**にし、調理後にそこから**3〜4等分くらい**に切る。フォークでさせる大きさにする。	**2cm大くらい**がフォークでさしやすいサイズ。	**3cm長さ**の細切りにすると口の中に入れやすいサイズ。繊維を断って切るとやわらかくなりやすい。

スプーン・フォークの使い方

まずはスプーンからはじめます。最初はスプーンを上からにぎる持ち方でOK。
だんだんと指先を使ってつまんで、鉛筆を持つようなにぎり方ができるようにします。

①
>> ②
>> ③
>> ④

① スプーンの柄に上から手の甲をかぶせてにぎる。その上から大人がにぎって一緒にすくってみても。

② 最初は腕やひじを使ってスプーンを使う。次第に手首の回転を使って食べられるように。

③ 手首をより自在に動かせるようになり、3本（親指・人差し指・中指）を使ったスプーン動作ができるようになる。

④ 下から支えて、鉛筆を持つような持ち方にする（上図のように、親指と人差し指を広げてそこにスプーンを置くとにぎりやすい）。

　１歳半〜２歳は、家事をしようとしても構われたがったり、泣いて抱っこをせがんだりすることも。また、復職したばかりで勤務時間と家事時間をうまくこなせていないこともあるかもしれません。

　そんななか、「献立を考えて、毎日買い物をして…」はなかなか大変です。思いきって買い物は週末にまとめてしようとすると、今度は１週間分の献立やどの食材をいつ使うのかなど、考えなければならないことがいろいろ出てきます。

　そこでおすすめしたいのが、買い物を週末と週の半ばの週２回にして、主菜は当日に作り、副菜は作りおきを作って乗り切ることです。

週末と週の半ばで作りおき

毎日子どもを連れて買い物に行くのはなかなかハードルが高いです。週末と週の半ば（水・木曜日を想定）の週２回の買い物にして、買い物をしたタイミングで作りおきおかず（副菜）も作っておきましょう。数日は時間にも気持ちにも余裕が生まれて安心です。

月
火
・買い物なし
・作りおきで乗り切る

> 葉物野菜は週の前半で使う

水
木
・買い物
・作りおきを作る！

> 冷凍OKな副菜は翌週の分も合わせて作っても

金
・買い物なし
・作りおきで乗り切る

> 疲れが出てくる週の後半はレンチン調理

土
日
・買い物
・作りおきを作る！

> 週の最後は一品料理でラクチン調理♪

1週間の献立例 （平日5日分／夕食を想定）

	主菜	副菜	汁物
月	漬けない鮭のみりん焼き ➡ 51p	キャベツとコーンのバター蒸し ➡ 31p	ふわっふわかきたま汁 ➡ 57p
火	和風みそプルコギ ➡ 50p	キャベツとコーンのバター蒸し ➡ 31p	冷凍オクラと豆腐のすまし汁 ➡59p
水	ささみの青のりピカタ ➡ 49p	なすのトマト煮 ➡ 39p	じゃがいもとソーセージの ミルクスープ ➡ 58p
木	つやぷるレンジ肉団子 ➡43p	無敵の無限ピーマン ➡ 33p	春雨と小松菜のスープ ➡ 58p
金	炊き込みチキンオムライス ➡ 67p		冷凍ポテト入りコンソメスープ ➡ 61p

ほうれん草ともやしの
さば和え

冷蔵 3日

●材料（大人2＋子ども1）×2食分

ほうれん草…1袋（200g）　さばみそ煮缶…1缶（190g）
もやし…1袋（200g）　すりごま…大さじ1

●作り方

1. ほうれん草は根元を切り落とし、茎は3cm長さに切る。
   葉は縦横に包丁を入れて2～3cm角のざく切りにする。も
   やしは袋の上から3～4回包丁を押し当てるように切り、
   食べやすい長さにする（POINT参照）。

2. 鍋に湯（分量外）を沸かし、1を入れて3分ほど茹でる。

3. 2をザルにあげて粗熱を取り、水気をしっかりと絞りボ
   ウルに入れる。

4. さばのみそ煮缶は汁気を軽く切って身をほぐし、3に加
   える。すりごまを加えて和える。

POINT
もやしを1袋使うときは、包丁を
袋の上から押し当てて切れば、散
らばらずに後片づけも簡単！

味付けは
みそ煮缶だけ！

焼くことで
香ばしさUP

ブロッコリーと
しめじの焼き浸し

冷蔵 3日

●材料（大人2＋子ども1）×2食分

ブロッコリー…1個（250g）
しめじ…小1袋（100g）
サラダ油…小さじ1

A {
だし汁…100ml
みりん…小さじ2
しょうゆ…小さじ2
}

●作り方

1. ブロッコリーは小さめの小房に分ける。茎は
   硬い部分をそぎ落とし、薄切りにする。しめ
   じはほぐし、長いものは半分の長さに切る。

2. フライパンに油を入れて中火にかけ、1を
   加えて2分ほど炒める。

3. Aを加えて蓋をし、3分ほど煮る。

トマトのお砂糖漬け

冷蔵 3日

調理時間は
たった5分♪

●材料（大人2＋子ども1）×2食分
トマト…2個（400g）
砂糖…大さじ2

●作り方
1. トマトは2〜3cm大に切る。
2. ボウルに1と砂糖を加えて和える。

POINT
砂糖を加えることで、トマトの酸味がマイルドになります。トマト嫌い克服におすすめ！

野菜もりもりひじき煮

冷蔵 3日 冷凍 6日

蒸し炒めで野菜の
甘味を引き出す！

●材料（大人2＋子ども1）×2食分

ひじき（乾）…12g　　　サラダ油…小さじ1
玉ねぎ…1/2個（100g）　　　みりん…小さじ2
にんじん…1/3本（50g）　A　しょうゆ…小さじ2
油揚げ…1枚　　　　　　水…大さじ1

●作り方

［下ごしらえ］ひじきはさっと洗い、袋の表記通りに戻し水気を切っておく。
1. 玉ねぎは半分の長さの薄切り、にんじんは3cm長さの細切り。油揚げは縦3等分にし、1cm幅に切る。
2. 鍋に油を入れて中火にかけ、1を5分ほど炒める。野菜がしんなりとしてきたらひじきを加えてさっと炒め合わせる。
3. Aを加えて蓋をし、弱火で5分ほど汁気が少なくなるまで蒸し炒めにする。

POINT
少量の水で蒸し炒めに。
少ない調味料でも味が決まります。

● 材料（大人 2 ＋子ども 1 ）× 2 食分

白菜…1/4個（500g）
焼き麩…16個（8g）
A ┌ しょうが（すりおろし）…小さじ1/2
　├ みりん…大さじ 1
　├ しょうゆ…大さじ 1
　└ だし汁…200ml
水溶き片栗粉（片栗粉…大さじ1/2、水…大さじ 1 ）

● 作り方

1. 麩は水に浸けて戻し、水気を絞る。白菜は芯は半分の長さの1cm幅に切り、葉は縦横に包丁を入れて2〜3cm角のざく切りにする。

2. 鍋に A を入れて中火にかけ、煮立ったら 1 を加えて蓋をして10分ほど煮る。水溶き片栗粉を加え、混ぜながらとろみがつくまで 2 分ほど煮る。

POINT
お麩の大きさにもよりますが、大きければ子ども分は半分〜 4 等分くらいに切りましょう。

白菜とお麩の しょうがとろみ煮 冷蔵 3 日

とろみがあって
食べやすい！

● 材料（大人 2 ＋子ども 1 ）× 2 食分

小松菜… 1 袋（200g）　　サラダ油…大さじ 1 ／小さじ 1
高野豆腐… 2 枚（約30g）　A ┌ みりん…大さじ 1
片栗粉…大さじ 1　　　　　　└ しょうゆ…大さじ 1

● 作り方

［下ごしらえ］ 高野豆腐は水で戻しておく。

1. 高野豆腐は水気をよく絞り、4cm長さの細切りにする。ポリ袋に入れて片栗粉を少しずつ加えてふり、全体にまぶす。

2. 小松菜は茎は2cm長さに切る。葉は縦横に包丁を入れて2〜3cm角のざく切りにする。

3. フライパンに油（大さじ 1 ）を入れて中火にかけ、1 を焼く。表面に焼き色が付いたらほぐすように炒め、一度取り出しておく。

4. フライパンに油（小さじ 1 ）を入れて中火にかけ、小松菜を加えて 5 分ほど炒める。3 と A を加えてさっと炒め合わせる。

POINT
パサつきやすい高野豆腐に片栗粉をまぶすことで、食べやすい食感になります。

高野豆腐と小松菜の 照り炒め 冷蔵 3 日 ポリ袋

高野豆腐が
ぷるっぷるん♪

もやしのしそ風味和え

冷蔵 3日

2袋分のもやしも
ペロリと食べられる！

● 材料（大人2＋子ども1）×2食分

もやし…2袋（400g）

A｜赤しそ風味ふりかけ…小さじ1
　｜塩…少々

● 作り方

1. もやしは食べやすい長さにする（26pPOINT参照）。
2. 大きめの鍋に湯（分量外）を沸かし、もやしを3分
   ほど茹でる。ザルにあげて10分ほどおき粗熱を取る。
3. 2の水気を絞り、ボウルに入れてAを加えて和える。

POINT

もやしを茹でるときに、湯2ℓに対してレモン
汁を大さじ1加えると臭み消しになります。

かぶと油揚げのくったり煮

冷蔵 3日

だしがしみしみの
かぶはやわらか

● 材料（大人2＋子ども1）×2食分

かぶ…4個（320g）
かぶの葉…1個分（40g）
油揚げ…2枚

A｜みりん…小さじ2
　｜しょうゆ…小さじ2
　｜だし汁…150ml

● 作り方

1. かぶは2〜3cm角に切る。かぶの葉は1cm長さに切る。
   油揚げは縦4等分にし、1cm幅に切る。
2. フライパンにAを入れて中火にかけ、煮立ったら1
   を加えて蓋をし、弱めの中火で5分ほど煮る。
3. 蓋を開けて全体をひと混ぜして煮汁が少なくなるま
   で、さらに5分ほど煮る。

POINT

少ない煮汁でもフライパンで作ると、
まんべんなく調味料がいきわたります。

● 材料（大人2＋子ども1）× 2 食分

さつまいも…2 本（400g）

サラダ油…小さじ 1

A ┌ 砂糖…小さじ 1
　└ しょうゆ…小さじ 1

白ごま…適量

● 作り方

1. さつまいもは皮つきのまま4〜5cm長さのスティック状に切り、水にさっとさらして水気を切る。

2. 耐熱ボウルに入れて、ふんわりとラップをかけて電子レンジで6分加熱する。

3. フライパンに油を入れて中火にかけ、2 を焼く。軽く焼き色が付いたら A を加えてさっと炒め合わせてごまをふる。

POINT　さつまいもは電子レンジで加熱するので、
フライパンでは軽く焼くだけでOK！

さつまいもの大学芋風

冷蔵 3日　　冷凍 6日

食べる手が
止まらない!?

● 材料（大人2＋子ども1）× 2 食分

オクラ…8 本（80g）

長芋…300g

A ┌ 砂糖…大さじ 1
　└ みそ…大さじ 1

● 作り方

1. 長芋は1.5cm角に切る。オクラはラップで包んで電子レンジで1分加熱する。がくを落として、小口切りにする。

2. ポリ袋に A と長芋を入れて揉みこむように混ぜ合わせ、オクラを加えて一晩おく。

オクラと長芋のみそ漬け

冷蔵 3日　　　ポリ袋

ごはんにのせても
おいしい！

POINT　一晩おくと、味なじみがさらによくなります。

作りおき

ブロッコリーとキャベツの
ペペロン風 冷蔵 3日

ブロッコリーの
茎までおいしい！

● 材料（大人2＋子ども1）×2食分

ブロッコリー…1個（250g）
キャベツ…1/8個（150g）
オリーブ油…小さじ2
A ┌ 塩…小さじ1/3
　├ にんにく（すりおろし）…小さじ1/3
　└ 水…大さじ2

● 作り方

1. ブロッコリーは小さめの小房に分ける。茎は硬い部分をそぎ落として薄切りにする。キャベツは2～3cm角のざく切りにする。
2. フライパンに油を入れて中火にかけ、1を2分ほど炒める。
3. Aを加えてひと混ぜする。蓋をして弱火で5分ほど蒸し焼きにする。

POINT 蓋をしてじっくりと蒸し焼きにすることで、全体的にくたくたな食感に。

キャベツとコーンの
バター蒸し 冷蔵 3日

うま味が
ぎゅっと凝縮！

● 材料（大人2＋子ども1）×2食分

キャベツ…1/4個（300g）
コーン（茹でたものまたは缶）…80g
バター…10g
水…150ml
塩…小さじ1/4

● 作り方

1. キャベツは2cm角のざく切りにする。
2. フライパンにバターを入れて中火にかけ、キャベツとコーンを加えてさっと炒める。
3. 全体にバターがまわったら水を加えて蓋をし、弱火で10分蒸し焼きにする。
4. 塩をふって全体を混ぜ合わせて味を調える。

● 材料（大人 2 ＋子ども 1 ）× 2 食分

じゃがいも…2 個（300g）

豚ひき肉…100g

A
- カレー粉…小さじ1/3
- 砂糖…小さじ 1
- しょうゆ…小さじ2

● 作り方

1. じゃがいもは5mm幅の細切りにする。5 分ほど水に
   さらして、水気を切る。
2. フライパンに豚ひき肉を入れて中火にかけて炒める。
   肉の色が変わってきたら A を加えて炒め合わせる。
3. 1 を加えて、弱めの中火で4 分ほど、じゃがいもに
   火が通るまで炒める。

 POINT 豚肉から出る脂でじゃがいもを炒めるので、
肉のうま味がしみこみます。

じゃがいもそぼろの
カレー炒め 冷蔵 3日

カレーの風味で
食欲ＵＰ

● 材料（大人 2 ＋子ども 1 ）× 2 食分

レタス…1 個（400g）

A
- 桜えび（乾燥）…5g
- 鶏ガラスープの素（顆粒）…小さじ 1
- ごま油…小さじ 1
- 塩…少々
- 白ごま…適量

● 作り方

1. レタスは食べやすい大きさにちぎり、水気をよくふ
   き取りポリ袋に入れる。
2. 1 に A を加え、袋の上から揉むようによく混ぜる。

 POINT 翌日以降が味がなじんでよりおいしくなります。

ちぎりレタスと桜えびの
中華ナムル 冷蔵 3日 ポリ袋

レタス 1 個も
すぐに食べきれる！

切り干し大根の中華サラダ

冷蔵 3日

> 調味料を加熱することで
> 酸味がまろやかに！

● 材料（大人2＋子ども1）×2食分

切り干し大根…50g
きゅうり…1本（100g）
ハム…4枚（40g）

A
- 砂糖…小さじ2
- しょうゆ…小さじ2
- 酢…小さじ4
- ごま油…小さじ2

● 作り方

1. 大きめのボウルにAを入れて電子レンジで40秒ほど加熱してよく混ぜ合わせておく。
2. 切り干し大根は10秒ほど揉み洗いをして食べやすい長さに切る。きゅうりはせん切りにする。ハムは細切りにする。
3. 鍋に湯を沸かし、切り干し大根を入れて10分茹でる。残り2分になったらきゅうりとハムを加えて一緒に茹でる。
4. ザルにあげて冷まし、水気をよく絞り1に加えて和える。

POINT 切り干し大根は、茹でることでほどよく食感が残って子どもでも噛み切りやすくなります。

無敵の無限ピーマン

冷蔵 3日

> ピーマンが
> 苦くない！

● 材料（大人2＋子ども1）×2食分

ピーマン…4個（120g）
赤パプリカ…1個（150g）
ツナオイル漬缶…1缶（70g）

A
- 鶏ガラスープの素（顆粒）…小さじ1/2
- 塩…少々

白ごま…適量

● 作り方

1. ピーマンは半分、パプリカは1/3の長さの細切りにする。
2. フライパンにツナ缶のオイルを入れて中火にかけ、1を加えて5分ほど炒める。
3. ツナとAを加えてさっと炒め合わせ、ごまをふる。

POINT じっくり炒めることでピーマンの苦味を飛ばします。さらに甘味の強いパプリカを合わせることで、苦手な子の多いピーマンを食べやすくしました。

●材料（大人2＋子ども1）2枚分

えのきたけ…小1/2袋 (50g)
しらす干し…40g
小ねぎ…5本 (20g)

A
溶き卵…1個分
薄力粉…100g
水…100ml
塩…ひとつまみ (1g)

ごま油…大さじ2

●作り方

1. えのきたけは2cm長さに切り、ほぐす。小ねぎは小口切りにする。
2. ボウルにAを入れて混ぜ合わせ、しらすと1を加えて混ぜる。
3. フライパンに油を半量入れて中火にかけ、2を半量入れて3分ほど焼く。
4. 焼き色が付いたら裏返し、さらに2分ほど焼く。同様にもう1枚作る。

POINT 子どもはタレなしで。大人はお好みで酢じょうゆでもおいしく食べられます。

しらすとえのきのもちもちチヂミ

冷蔵 3日　冷凍 6日

えのき入りでもちもち食感♪

●材料（大人2＋子ども1）×2食分

にんじん…2本 (300g)
卵…1個
ごま油…小さじ1
しょうゆ…小さじ2

●作り方

1. にんじんはせん切りにする。
2. 耐熱ボウルににんじんを入れて油を加えて和え、ふんわりとラップをかけて電子レンジで4分加熱する。
3. 2に卵を割り入れてよく混ぜ、しょうゆを加えて混ぜ合わせる。
4. ラップをせずに電子レンジで2分加熱する。取り出して卵をほぐすように全体をよく混ぜ合わせる。

POINT せん切りはスライサーでも。レンジ調理ですが、やわらかくなりすぎず、ほどよく歯ごたえを感じる仕上がりです。

レンジでにんじんしりしり

冷蔵 3日　

炒めずにレンジで簡単！

大根とにんじんの おかかなます `冷蔵 3日`

> おかかで酸味が
> やわらぐ！

●材料（大人 2 ＋子ども 1）× 2 食分

大根…8cm分（300g）
にんじん…1/2本（75g）
A ┌ 塩…小さじ1/3
　├ 砂糖…大さじ 1
　└ 酢…大さじ 2
かつお節…2.5 g

●作り方

1. 耐熱ボウルに **A** を入れて、電子レンジで40秒ほど加熱して混ぜ合わせておく。
2. 大根とにんじんはそれぞれ3〜4cm長さの細切りにする。
3. 別の耐熱ボウルに **2** を入れてふんわりとラップをかけて、電子レンジで7分加熱する。
4. さっと水にさらして冷まし、水気をよく絞る。**1** とかつお節を加えて和える。

POINT　合わせ調味料をレンジで加熱することで、酸味が飛んで食べやすくなります。

小松菜とえのきの つゆ浸し `冷蔵 3日`

> 味がしみしみで
> 小松菜の
> 食べやすさUP

●材料（大人 2 ＋子ども 1）× 2 食分

小松菜… 1 袋（200g）
えのきたけ…大 1 袋（200g）
めんつゆ（ 3 倍濃縮）…大さじ 1

●作り方

1. 小松菜の茎は2cm長さに切り、葉は縦横に包丁を入れて2〜3cm角のざく切りにする。えのきたけは3cm長さに切り、ほぐす。
2. 耐熱ボウルに **1** を入れてふんわりとラップをかけて、電子レンジで 6 分加熱する。
3. 水気は切らず、めんつゆを加えてひと混ぜする。

POINT　加熱して出た野菜の水分をだし汁として使っています。うま味がUPするだけでなく、野菜の栄養を余すことなく摂れます。

かぼちゃのごまマヨがらめ

冷蔵 **3**日 冷凍 **6**日

ほくほくかぼちゃが
マヨネーズと合う!

●材料（大人2＋子ども1）×2食分

かぼちゃ…大1/4個（正味400g）

A ┌ 塩…小さじ1/4
  │ すりごま…大さじ1
  └ マヨネーズ…大さじ2

●作り方

1. かぼちゃは2～3cm角に切る。

2. **1**を耐熱ボウルに入れてふんわりとラップをかけて、電子レンジで8分加熱する。

3. 粗熱が取れたら **A** を加えて混ぜ合わせる。子ども分は、食べにくければ皮を取り除く。

POINT かぼちゃが硬くて切りにくい場合は、丸ごとラップで包んで、電子レンジで2分加熱。そのあとに切り分けて、レシピより少し短めに電子レンジで6分加熱します。

やさしい甘さと
香ばしさでほっこり

さつまいもの
きなこバター

冷蔵 **3**日 冷凍 **6**日

●材料（大人2＋子ども1）×2食分

さつまいも…2本（400g）

バター…10g

A ┌ きなこ…小さじ2
  └ 塩…少々

●作り方

1. さつまいもは皮つきのまま1.5cm角に切り、水にさっとさらして水気を切る。

2. **1**を耐熱ボウルに入れてふんわりとラップをかけて、電子レンジで7分30秒加熱する。

3. 水気があればふき取り、熱いうちにバターを加えて溶かし混ぜる。**A** を加えて和える。

さっぱりコールスロー

冷蔵 3日 📱

マヨネーズ不使用で
さっぱり味！

●材料（大人2＋子ども1）× 2食分

キャベツ…1/4個（300g）
にんじん…1/3本（50g）
コーン（茹でたもの
　または缶）…40g

A
塩…小さじ1/3
砂糖…大さじ1/2
酢…大さじ1
オリーブ油…大さじ1

●作り方

1. 耐熱ボウルにAを入れて、電子レンジで40秒ほど加熱して混ぜ合わせておく。
2. キャベツは1cm角のざく切りにする。にんじんは3cm長さのせん切りにする。
3. 別の耐熱ボウルににんじん、キャベツの順に入れてふんわりとラップをかけて電子レンジで7分加熱する。
4. さっと水にさらして冷まし、水気をよく絞る。1とコーンを加えて和える。

POINT 加熱して出た水気をしっかり絞ることで、味のなじみもよくなります。

れんこんのおかかマヨ
サラダ

冷蔵 3日 📱

マヨネーズと
おかかの相性ばっちり

●材料（大人2＋子ども1）× 2食分

れんこん…2節（400g）

A
塩…小さじ1/4
マヨネーズ…大さじ2
かつお節…2.5g

●作り方

1. れんこんは3mm幅のいちょう切りにする。さっと水にさらして水気を切る。
2. 1を耐熱ボウルに入れ、ふんわりとラップをかけて、電子レンジで8分加熱する。
3. 水気をよくふき取り、粗熱が取れたらAを加えてよく混ぜ合わせる。

POINT れんこんは電子レンジで加熱しても、シャキシャキとした歯ごたえがおいしいです。

● 材料（大人 2 ＋子ども 1）× 2 食分

じゃがいも…2 個（300g）

アスパラガス…4 本（80g）

A
塩…小さじ1/3
青のり…小さじ 1
粉チーズ…大さじ 2

● 作り方

1. じゃがいもは1.5cm角に切り、さっと水にさらして水気を切る。アスパラガスは下半分をピーラーで剥き、5mm幅の斜め薄切りにする。

2. 耐熱ボウルにじゃがいもを入れて、ふんわりとラップをかけて電子レンジで 4 分加熱する。

3. 2 にアスパラガスを加えてさらに 2 分加熱する。

4. 水気があればふき取り、A を加えて和える。

POINT アスパラガスの皮は繊維が硬いので、ピーラーなどでしっかりと剥くことで子どもにも食べやすくなります。

じゃがいもとアスパラの青のりチーズ 冷蔵 3日

じゃがいも×チーズは鉄板な味！

● 材料（大人 2 ＋子ども 1）× 2 食分

白菜…1/4個（500g）

ベーコン…40g

A
砂糖…大さじ1/2
酢…大さじ 1
粉チーズ…大さじ 2

● 作り方

1. 白菜の芯は半分の長さの1cm幅に切り、葉は縦横に包丁を入れて2〜3cm角のざく切りにする。ベーコンは5mm幅の細切りにする。

2. 耐熱ボウルに 1 を入れてふんわりとラップをかけて電子レンジで 8 分加熱する。

3. ザルにあげて広げ、数分おいて粗熱を取る。

4. 水気を絞り、ボウルに入れて A を加えて和える。

POINT ベーコンも同時に加熱することで、保存性を高め、脂のうま味も白菜にしみこみます。

白菜とベーコンのさっぱりサラダ 冷蔵 3日

酸味を感じない洋風サラダ

なすのトマト煮

冷蔵 3日　冷凍 6日　□

なすの皮が
気にならない！

●材料（大人2＋子ども1）×2食分

なす…4本（320g）

オリーブ油…大さじ1

カットトマト缶…1/2缶（200g）

A ┌ 塩…小さじ1/3
　├ 砂糖…小さじ1
　└ にんにく（すりおろし）…小さじ1/2

●作り方

1. なすは皮を1本につき4か所ほど剝き、2cm角に切る。水に5分ほどさらしてアク抜きをする（POINT参照）。
2. 水気を切り耐熱ボウルに入れ、油を加えてよく絡める。
3. カットトマトとAを加えて全体を混ぜ合わせ、ふんわりとラップをかけて電子レンジで10分加熱する。

 POINT なすのアク抜きは、キッチンペーパーで落とし蓋のようにするとなすが浮いてきません。

ねぎのツナポン和え

冷蔵 3日　□

くたっとしたねぎが
ツナとよく絡みます

●材料（大人2＋子ども1）×2食分

長ねぎ…1本（100g）

玉ねぎ…1個（200g）

ツナ水煮缶…1缶（70g）

A ┌ ポン酢しょうゆ…大さじ1と1/2
　└ ごま油…小さじ1

●作り方

1. 長ねぎは縦半分に切り、斜め薄切りにする。玉ねぎは半分の長さの薄切りにする。ツナは汁気を軽く切る。
2. 耐熱ボウルに1を入れて全体を軽く和え、ラップをせずに電子レンジで8分加熱する。
3. Aを加えて和える。

 POINT しっかりと電子レンジで加熱することで、長ねぎと玉ねぎの辛みを飛ばすことができ、子どもでも食べやすくなります。

● 材料（大人 2 ＋子ども 1）× 2 食分

キャベツ…1/4個（300 g）

A
├ 鶏ガラスープの素（顆粒）…小さじ1/2
├ ごま油…小さじ 2
└ 塩…少々

白ごま…適量

● 作り方

1. キャベツは 3〜4cm 長さの細切りにする。
2. 1 を耐熱ボウルに入れて A を加え、ふんわりとラップをかけて電子レンジで 6 分加熱する。
3. 2 にごまを加え、全体をよく混ぜ合わせる。

キャベツの中華オイル蒸し

冷蔵 3日

ごま×ごま油で
香りと風味倍増！

COLUMN 1

保育園や幼稚園ではよく食べる？

家 だと子どもが「好き嫌いがはげしい」「遊び食べをして食事時間が長い」などで困った経験はありませんか。それなのに、保育園では「嫌いなものも食べ、おかわりまでしている」「テキパキと食べて、食事時間内に食べ終わっている」なんてことも…。それは環境の違いが大きな理由になるようです。まわりのお友だちと一緒に食べることで、がんばって食べよう、かっこよく食べようという気持ちになりやすいのです。お弁当が多い幼稚園でも、それは同じこと。

「なんで家では…！」と思いたくなりますが、まずは外でがんばっていることを認めてあげましょう。園での「いただきます」の挨拶や歌を真似てみたり、ぬいぐるみなどをお友だちとして一緒に食べてみたりと、園に似た環境を取り入れてみるのもいいかもしれません。

幼児食 **お悩みQ&A** スタート編

幼児食をはじめたばかりのころに
よくある「困った！」を集めてみました。

Q 新しい料理を食べてくれません。
結局、よく食べる料理を出してしまいがちです。
どうやったら食べてくれるのでしょうか？

A はじめて見る料理を警戒して食べないのは、子どもにとっては当たり前のこと。くり返し食卓に出すことで、見慣れた料理となり食べるようになります。そのために、大人が食べて見せたり、どんな食材が入っているかなどを説明したり、子どもを安心させてあげることからはじめてみましょう。

- -

Q 薄味が大切なのはわかるけど、子どもが食べません。
いつまで薄味にするのがよいのでしょうか？

A 就学前までは薄味にしたいところです。薄味が物足りないようだったら、うま味のある食材を使ったり、調理法を工夫したり、風味のある調味料（15p参照）を使うなどしてみましょう。

- -

Q スプーンやフォークをうまく使えなくて、手づかみ食べになってしまいます。

A 手づかみ食べも手指の発達に必要なことです。その手指の発達により、スプーンやフォークを上手に持てるようになります。個人差があるので焦らなくても大丈夫です。本人が興味をもったときに、改めて使い方を教えてあげましょう。

- -

Q 自分では食べず、大人が手伝うと食べます。
どうやったら自分で食べるようになりますか？

A ママやパパに甘えたいのかもしれません。「順番に食べてみよう！」と声がけしてみてはいかがでしょうか？　まずは大人が手伝ってあげて、次は自分で。自分で食べられたときはたくさん褒めてあげるなどして自信につなげましょう。
また、食材が大きくて食べにくい、手づかみしにくいなどの理由から、食べる意欲が減っている場合もあります。食材のサイズ、形状などを見直してみましょう。

- -

Q 酸っぱい味が苦手なようです。
新しい味付けとして食卓に出し続けた方がいいでしょうか？

A 酸味に警戒するのは、腐敗しているのを見抜くための本能的なものです。しかし、味覚を養う目的で、酸味を経験させるのはよいことなので、砂糖を加えたり、加熱して酸味をまろやかにするなど工夫して、食べさせてみましょう。

えのきバーグ

肉ダネに
しっかり味付けをして
ソースいらず

● 材料（大人2＋子ども1）12個分

合いびき肉…200g

えのきたけ…小1袋（100g）

A
- 卵…1個
- 砂糖…大さじ1/2
- しょうゆ…大さじ1/2
- トマトケチャップ…大さじ1

● 作り方

1. えのきたけはみじん切りにしてほぐす。

2. ボウルにひき肉とAを入れて粘り気が出る
   まで混ぜる。1を加えて混ぜ、12等分に丸
   めてフライパンに並べる。

3. 2を中火にかけ、片面に焼き色が付いたら
   裏返し、蓋をして弱めの中火で5分ほど蒸し
   焼きにする。

POINT　玉ねぎの代わりにえのきたけを使って、楽しい食感に。
えのきたけは、水分を含むのでふわふわに仕上がります。

つやぷるレンジ肉団子

皮なしの
シュウマイみたい！

● 材料（大人 2 ＋子ども 1）12個分

豚ひき肉…250g
玉ねぎ…1/4個（50g）

A
┌ 片栗粉…大さじ 1
│ 砂糖…大さじ1/2
│ しょうゆ…大さじ1/2
│ しょうが（すりおろし）…小さじ1/2
└ ごま油…小さじ 1

片栗粉…大さじ 2
レタス…3 枚（100g）
コーン（茹でたもの
　または缶）…適量

● 作り方

1. レタスは1cm幅の細切りにして耐熱皿に入れる。玉ねぎはみじん切りにする。
2. ボウルにひき肉とAを入れて粘り気が出るまで混ぜる。玉ねぎを加えてよく混ぜる。
3. 2を12等分に丸めてコーンをのせ、表面に片栗粉をまぶして、1のレタスの上に重ならないようにのせる。
4. 3にふんわりとラップをかけて、電子レンジで 7 分加熱する。

POINT
👆 大人はお好みで、酢じょうゆや辛子じょうゆをつけるのもおすすめ。

豚こまみそケチャップ

🍳 ポリ袋

みそをプラスして
コクUP

● 材料（大人 2 ＋子ども 1）

豚こま切れ肉…250g
酒…大さじ 1
玉ねぎ…1/2個（100g）
しめじ…小1/2袋（50g）
サラダ油…大さじ1/2

A
┌ みそ…大さじ1/2
│ みりん…大さじ 1
│ トマトケチャップ
└ 　…大さじ 2

● 作り方

[下ごしらえ] 豚肉は小さめのひと口大に切り、ポリ袋に入れて酒を加えて揉みこみ、10分以上おく。

1. 玉ねぎは半分の長さの薄切りにする。しめじはほぐし、長いものは半分に切る。
2. フライパンに油を入れて中火にかけ、1を加えて 3 分ほど炒める。しんなりとしてきたら豚肉を入れて炒める。
3. 全体に火が通ったらAを加えて炒め合わせる。

POINT
👆 子どもには噛み切りにくい豚こま肉は、小さく切って酒で揉んでおくとやわらかくほろほろに仕上がります。

● 材料（大人 2 ＋子ども 1）

鶏もも肉（唐揚げ用）…200 g
卵…2 個
玉ねぎ…1/2個（100g）
小ねぎ…2 本（10g）
サラダ油…大さじ1/2

A
┌ だし汁…200ml
│ 砂糖…大さじ1/2
│ みりん…大さじ1
└ しょうゆ…大さじ1

● 作り方

1. 卵は溶きほぐしておく。玉ねぎは半分の長さの薄切りにする。小ねぎは小口切りにする。
2. 鍋に油を入れて中火にかけ、玉ねぎを加えて3分ほど炒める。しんなりとしてきたら鶏肉とAを入れ、煮立ったら弱めの中火にして8分ほど煮込む。
3. 肉に火が通ったら卵を流し入れて、小ねぎを散らして卵に火が通るまで煮る。
4. 器に盛りつけてから、肉をキッチンバサミなどで4〜6等分に切り分け、皮は取り除く。

POINT
鶏肉の皮は噛み切りにくいので、取り除くようにしましょう。また煮汁は子どもには少なめに。

だし旨親子煮

半熟みたいな
とろとろ卵に
仕上がる！

● 材料（大人 2 ＋子ども 1）

牛こま切れ肉…250 g
塩・こしょう…各少々
じゃがいも…1 個（150g）
ピーマン…2 個（60g）
ごま油…大さじ1/2

A
┌ 砂糖…小さじ1
│ オイスターソース
│ …小さじ1
│ 酒…大さじ1/2
└ しょうゆ…大さじ1/2

● 作り方

1. 牛肉は小さめのひと口大に切り、塩・こしょうをふる。じゃがいもは1cm幅の細切りにし、さっと水にさらして水気を切り、耐熱ボウルに入れて電子レンジで3分加熱する。ピーマンは半分の長さの細切りにする。
2. フライパンに油を入れて中火にかけ、牛肉とピーマンを加えて3分ほど炒める。
3. 全体に火が通ったら、水気を切ったじゃがいもとAを加えて炒め合わせる。

POINT
チンジャオロースはたけのこを使うのが一般的ですが、硬さが気になるところ。じゃがいもで代用することで、子どもでも食べやすくしました。

じゃがいも
チンジャオロース

定番中華を
子ども向けに
アレンジ！

鮭のまろやか洋風南蛮

野菜も一緒に炒めて
簡単調理！

● 材料（大人 2 ＋子ども 1）

生鮭…3 切れ（240g）
玉ねぎ…1/2個（100g）
ピーマン…2 個（60g）
オリーブ油…大さじ1

A ⌈ だし汁…100ml
　 塩…小さじ1/3
　 砂糖…大さじ1
　⌊ 酢…大さじ 1

● 作り方

1. 鮭はさっと洗い水気をよくふき取り、半分に切る。玉ねぎは半分の長さの薄切りにする。ピーマンは半分の長さの細切りにする。
2. フライパンに油を入れて中火にかけ、1 の鮭を焼く。空いたところに玉ねぎとピーマンを加えて同時に 4 分ほど炒める。
3. 全体に火が通ったら A を加えて 4 分ほど煮る。

POINT
☝ 調味料も加熱することで、酢の酸味がまろやかになります。できあがりすぐでも味はしみしみ。鮭は盛りつけ後に皮を取り、食べやすい大きさにほぐして。

あじの塩焼き グリル

覚えておきたい
塩加減！

● 材料（作りやすい分量）

あじ（下処理済み）…2 尾
塩…小さじ1/4

● 作り方

1. あじの腹部分に指を入れてこするようにして血をよく洗い流し、水気を切ってキッチンペーパーなどで表面と腹の中の水気をふき取る。
2. 表面に塩を半量ずつまんべんなくふりかける。
3. 魚焼きグリルを強火にかけ、網が温まったら、あじの頭が左になるようにしてのせる。弱めの強火で10分ほど焼く。

※熱源が片側のグリルの場合は途中裏返す。

POINT
☝ 焼けたあじをほぐすと、子ども 1 人分はこのくらいの分量。半身くらいです。

● 材料（大人2＋子ども1）

めかじき…3切れ（240g）　片栗粉…大さじ3
｢しょうが（すりおろし）　揚げ油…適量
A　…小さじ1/2
｜酒…小さじ2
└しょうゆ…小さじ2

● 作り方

[下ごしらえ] めかじきはさっと洗い水気をよくふき取り、1.5cm幅に切る。ポリ袋に入れて **A** を加えて揉みこみ、30分以上おく。

1. キッチンペーパーでめかじきの漬け汁をよくふき取り、片栗粉を全体にまぶす。

2. 鍋に2cmほど油を入れて180℃に温める。**1** を入れてこんがりと全体に焼き色が付くまで3〜4分ほど揚げ焼きにする。

POINT
しっかりと漬け汁をふき取ることで、仕上がりがべたつきません。

● 材料（大人2＋子ども1）

たら（たいでも）…3切れ（240g）
塩…少々
長ねぎ…1本（100g）
バター…10g
酒…大さじ1
しょうゆ…小さじ1/3

● 作り方

1. たらはさっと洗い水気をよくふき取り、塩をふる。長ねぎは縦半分に切り、斜め薄切りにする。

2. フライパンにバターを入れて中火にかけ、長ねぎを加えて2分ほど炒める。

3. 長ねぎの上にたらをのせ、酒をまわしかける。蓋をして、弱めの中火で3分ほど蒸し焼きにする。

4. 全体に火が通ったら仕上げにしょうゆをまわしかける。

POINT
身がふっくらやわらかいので、子どもには盛りつけのときに切り身を半量に取り分けます。

めかじきの竜田揚げ焼き

ポリ袋

骨がないので
簡単下ごしらえ

白身魚のバター蒸し

ふっくらジューシー
バターでコクうま！

旨みそ炒り豆腐

> 豆腐、ひき肉、
> 野菜が入って
> 栄養ばっちり！

● 材料（大人2+子ども1）

木綿豆腐…300g
鶏ひき肉（もも）…150g
にんじん…1/3本（50g）
しいたけ…2枚（30g）
ごま油…大さじ1/2

A［砂糖…小さじ2
　　みそ…小さじ2
　　塩…少々

● 作り方

1. にんじんは3cm長さの細切りにする。しいたけは半分の長さの薄切りにする。
2. フライパンに油を入れて中火にかけ、1とひき肉、ちぎった豆腐を入れる。肉や豆腐をほぐすように全体を5分ほど炒める。
3. 豆腐から出た水分が飛んだらAを加えてさっと炒め合わせる。

 POINT
水分をしっかりと飛ばすことでべちゃっとせずに仕上がります。

とろとろ豚大根

> 大根はレンジ加熱で
> 時短調理

● 材料（大人2+子ども1）

豚肩ロース肉（薄切り）…250g
塩・こしょう…少々
片栗粉…大さじ1/2

大根…1/4本（250g）
大根の葉（あれば）…40g
サラダ油…大さじ1/2

A［砂糖…小さじ2
　　しょうゆ…小さじ2

● 作り方

1. 大根は1cm幅のいちょう切りにする。大根の葉は2cm長さに切る。耐熱ボウルに入れてふんわりとラップをかけて電子レンジで6分加熱する。
2. 豚肉は2〜3cm長さに切り、塩・こしょうをふって片栗粉をまぶす。
3. フライパンに油を入れて中火にかけ、2を加えて焼く。肉に火が通ったら水気を切った1とAを加えて炒め合わせる。

 POINT
肉に片栗粉をまぶすことで、パサつきを抑えることができ、とろみがついて飲み込みやすくなります。

豚肉と
キャベツの
重ね蒸し

●材料（大人2＋子ども1）

豚肩ロース肉
　（しゃぶしゃぶ用）…250g
塩…少々
キャベツ…1/4個（300g）
まいたけ…1袋（100g）

片栗粉…適量（大さじ1）
A
　鶏ガラスープの素
　　（顆粒）…小さじ1
　酒…大さじ1
　水…100ml

●作り方

1. 豚肉は塩をふる。キャベツはざく切りにする。まいたけはほぐしておく。

2. フライパンにキャベツを半量敷き詰め、その上に豚肉を半量広げる。片栗粉を全体に薄くふり入れ、まいたけを半量重ねる。同様に残りの食材を重ね入れる。

3. Aを加えて蓋をし、中火にかけ8分ほど蒸し焼きにする。

　※器に盛り、子ども分の豚肉はキッチンバサミなどで食べやすい大きさに切る。

POINT
肉は重ならないように広げて、片栗粉をふることで子どもでも食べやすいやわらかな食感になります。

豚肉の脂とうま味がしみたキャベツが絶品

ひき肉と大豆とひじきの
カレー炒め

●材料（大人2＋子ども1）

豚ひき肉…200g
大豆水煮…100g
ひじき（乾）…10g
にんじん…1/3本（50g）

A
　カレー粉…小さじ1/2
　砂糖…小さじ2
　しょうゆ…小さじ2

●作り方

[下ごしらえ] ひじきはさっと洗い、袋の表記通りに戻し水気を切っておく。

1. にんじんは3cm長さの細切りにする。

2. フライパンにひき肉を入れて中火にかけ、肉をほぐすように炒める。肉から脂が出てきたらにんじんとひじき、大豆を加えて5分ほど炒める。

3. 全体に火が通ったらAを加えて炒め合わせる。

肉+野菜+豆で
具だくさん♪

POINT
鉄分たっぷりなひじきは、ひき肉と一緒に摂ることで吸収率UP！　ごはんに混ぜるのもおすすめ。

やわらか鶏むねの さっぱり煮

🥄 ポリ袋

パサつきがちの
むね肉がしっとり

● 材料（大人2＋子ども1）

鶏むね肉…1枚（300ｇ）
A ┌ 酒…大さじ1
　└ 片栗粉…大さじ1
玉ねぎ…1/2個（100g）
うずらの卵（茹で）…5個

サラダ油…大さじ1
B ┌ 砂糖…小さじ2
　│ しょうゆ…小さじ2
　│ 酢…小さじ2
　└ だし汁…100ml

● 作り方

[下ごしらえ] 鶏むね肉は皮を取り除き、ひと口大のそぎ切りにする（13p参照）。ポリ袋に入れてAを加えて揉みこみ、10分以上おく。

1. 玉ねぎは半分の長さの薄切りにする。

2. フライパンに油を入れて中火にかけ、鶏肉を重ならないように広げ入れて2分ほど焼く。空いたところに玉ねぎを入れて炒める。

3. 鶏肉に焼き色が付いたら裏返し、うずらの卵とBを加えて煮汁が少なくなるまで6分ほど煮る。

POINT
うずらの卵は、そのままだと誤嚥の恐れがあるので、子どもには4つ切りにしましょう。

ささみの青のりピカタ

🥄 ポリ袋

袋にどんどん
材料を入れて
焼くだけ！

● 材料（大人2＋子ども1）

鶏ささみ…5本（250g）
酒…大さじ1

A ┌ 塩…小さじ1/4
　│ 青のり…小さじ1/2
　│ 薄力粉…大さじ1
　└ 卵…1個
サラダ油…大さじ1/2

● 作り方

[下ごしらえ] 鶏ささみは筋を取り除き、そぎ切りにする（13p参照）。ポリ袋に入れて酒を加えて揉みこみ、10分以上おく。

1. 鶏肉が入ったポリ袋にAを加えてよく揉みこむ。

2. フライパンに油を入れて中火にかけ、1を衣ごと流し入れる。鶏肉が重ならないように広げて、2分ほど焼く。

3. 焼き色が付いたら衣を切り離しながら裏返し（POINT参照）、蓋をして弱火で4分ほど蒸し焼きにする。

POINT
衣がつながりますが、裏返すときに菜ばしで切り離せばOK。1つずつ卵液にくぐらせる必要なし！

● 材料（大人 2 ＋子ども 1）

牛こま切れ肉…250g
玉ねぎ…1/2個（100g）
にんじん…1/3本（50g）
にら…1/3束（30g）
ごま油…大さじ1/2
水…大さじ1

A ┌ オイスターソース
  │ …小さじ1/2
  │ みりん…小さじ2
  └ みそ…小さじ2

白ごま…適量

● 作り方

1. 玉ねぎは半分の長さの薄切り、にんじんは3cm長さ
   の細切り、にらは3cm長さに切る。

2. フライパンに油を入れて中火にかけ、**1** を入れて炒
   める。全体に油がまわったら水を加えて蓋をし、5
   分ほど蒸し焼きにする。

3. 牛肉を入れて炒め、肉に火が通ったら合わせた **A** を
   加えて炒め合わせる。仕上げにごまをふる。

POINT 蒸し焼きでまずはじっくり野菜に火を通します。
肉を最後に加えることで焼きすぎを防ぎます。

和風みそプルコギ

大満足の
ボリュームおかず♪

● 材料（大人 2 ＋子ども 1）

白菜…1/6個（300g）
豚ひき肉…200g
春雨（ハーフサイズ）
　…30g

A ┌ 片栗粉…小さじ 1
  │ 砂糖…小さじ 1
  │ オイスターソース…小さじ 1
  │ しょうゆ…小さじ 2
  └ 水…200ml

● 作り方

1. 白菜は芯は半分の長さの1cm幅に切り、葉は縦横に
   包丁を入れて2～3cm角のざく切りにする。

2. フライパンにひき肉を入れて中火にかけ、肉をほぐ
   すように炒める。肉から脂が出てきたら白菜を加え
   て 3 分ほど炒め合わせる。

3. 白菜がしんなりとしたら、その上に春雨を広げてよ
   く混ぜ合わせた **A** を加える。春雨をほぐすように混
   ぜ合わせ、しんなりとしたら 5 分ほど煮る。

白菜とひき肉の
春雨中華煮

食材はたった 3 つ！

POINT 春雨は、事前に戻さずに煮汁で一緒に煮込めばOK。

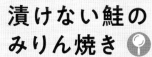

漬けない鮭の
みりん焼き

焦げずに焼ける!!

●材料（大人2＋子ども1）

生鮭…3切れ（240g）
サラダ油…大さじ1/2
A「みりん…大さじ1と1/2
　 しょうゆ…小さじ1

●作り方

1. 鮭はさっと洗い水気をよくふき取る。
2. フライパンに油を入れて中火にかけ、1を焼く。
3. 片面に焼き色が付いたら裏返し、2分ほど焼く。火が通ったらAを加えて汁気が少なくなるまで煮絡める。

　※子どもには切り身の半量をさらに食べやすい大きさに切り分ける。

POINT　☝ 漬けないで、煮絡めるので焦げつくことがありません。煮絡めるだけでも味はしっかりとつきます。

たらと小松菜の
みそクリーム煮

みそとクリームの
コクがマッチ！

●材料（大人2＋子ども1）

たら…3切れ（240g)　　　バター…10g
小松菜…1/2袋（100g)　　薄力粉…小さじ2
コーン（茹でたものまたは缶）　牛乳…200ml
　…50g　　　　　　　　　みそ…小さじ2

●作り方

1. たらはさっと洗い水気をよくふき取り、4等分に切る。小松菜は茎は2cm長さに切る。葉は縦横に包丁を入れて2～3cm角のざく切りにする。
2. フライパンにバターを入れて中火にかけ、1を加える。小松菜は炒め、たらは片面に焼き色が付いたら裏返す。
3. コーンを加えて薄力粉をふり入れる。全体をさっと炒め合わせ、粉っぽさがなくなったら牛乳を加え5分ほど煮る。
4. 全体に火が通ったらみそを溶かし入れる。

● 材料（大人2＋子ども1）

ぶり…3切れ（240g）
薄力粉…大さじ1/2
サラダ油…大さじ1/2
小ねぎ…3本（15g）

A ┌ 砂糖…小さじ1
　├ 酒…大さじ1
　├ みりん…大さじ1
　└ しょうゆ…大さじ1

● 作り方

1. ぶりはさっと洗い水気をよくふき取る。半分に切り、薄力粉を全体にまぶす。

2. 小ねぎは小口切りにし、ボウルに入れて**A**を加えて合わせておく。

3. フライパンに油を入れて中火にかけ、**1**を3分ほど焼く。裏返してさらに2分ほど焼く。

4. 全体に火が通ったら**2**を加える。タレが煮立ったら子ども分のぶり1切れはタレをぬぐって取り出す。残りのタレを軽く煮詰めて、大人分に絡める。

POINT　タレは煮詰めると味が濃くなるので、子ども分はタレをぬぐうことで、塩分を抑えることができます。

● 材料（大人2＋子ども1）

めかじき…3切れ（240g）
塩…少々
薄力粉…大さじ1/2
トマト…中1個（150g）
なす…1本（80g）

オリーブ油…大さじ1/2
にんにく（すりおろし）
　…小さじ1/3
塩…小さじ1/4

● 作り方

1. めかじきはさっと洗い水気をよくふき取る。半分に切り、塩をふって薄力粉をまぶす。トマトとなすは1cm角に切る。なすはさっと水にさらし、水気を切っておく。

2. フライパンに油とにんにくを入れて中火にかけ、**1**のめかじきを焼く。空いたところになすを加えて炒める。

3. めかじきに焼き色が付いたら裏返し、トマトと塩を加えてなすと一緒に炒め合わせる。弱火にして蓋をし2分ほど蒸し焼きにする。

4. 器にめかじきを盛り、野菜をかける。

ぶりのねぎ照り焼き

タレのねぎが
アクセントに！

めかじきのトマトソテー

トマトとなすの
カラフルソース♪

カレイの煮つけ

基本の煮魚は
これでOK！

●材料（大人2＋子ども1）

カレイ
…2切れ（240g）
長ねぎ
…1/2本（50g）

A ┌ しょうが…1片（6g）
　│ 砂糖…大さじ1/2
　│ 酒…大さじ1と1/2
　│ みりん…大さじ1と1/2
　│ しょうゆ…大さじ1と1/2
　└ 水…200ml

●作り方

1. 長ねぎは縦半分に切り、斜め薄切りにする。しょうがは薄切りにする。カレイは皮目に切り込みを入れておく。
2. フライパンにAを入れて中火にかける。煮立ったら長ねぎとカレイを皮目を上にして加える。
3. クッキングシートなどで落とし蓋をして、弱めの中火で7分ほど煮る。

POINT 👆 煮汁は味が濃くなるので、煮詰めないようにします。子ども1人分は1/3〜1/2切れ程度。

えびと豆腐のうま煮

えびのうま味
たっぷり！

●材料（大人2＋子ども1）

むきえび…150g
絹ごし豆腐…300g
チンゲンサイ…1株（100g）
にんじん…1/3本（50g）
ごま油…大さじ1/2

A ┌ 鶏ガラスープの素
　│ （顆粒）…小さじ1/2
　└ しょうゆ…小さじ1

B ┌ 片栗粉…小さじ1
　└ 水…150ml

●作り方

1. チンゲンサイは茎は半分の長さの1cm幅に切る。葉は縦横に包丁を入れて2〜3cm角のざく切りにする。にんじんは5mm幅のいちょう切りにする。
2. フライパンに油を入れて中火にかけ、1を加えて3分ほど炒める。全体がしんなりとしたら、えびとAを加えてえびに火が通るまで炒める。
3. よく混ぜ合わせたBを加え、豆腐をスプーンですくい入れる。大きくかき混ぜながら2分ほど煮る。
※えびは大きければ、食べやすい大きさに切ってください。

POINT 👆 冷凍むきえびを使用する場合は、臭みを取るためにえびのまわりの氷を洗い流すように流水解凍すると◎。

● 材料（大人 2 ＋子ども 1）12個分

A
- 鶏ひき肉（もも）…200g
- ひきわり納豆…1 パック（50g）
- 片栗粉…大さじ 2
- しょうゆ…大さじ1/2
- 刻みのり（焼きのりを ちぎっても）…ひとつかみ
- サラダ油…大さじ1/2

● 作り方

1. ボウルに **A** を入れてよく混ぜ合わせる。のりを数回に分けて加えて混ぜる。
2. フライパンに油をひいて、火にかける前に **1** をスプーンなどで12等分にして丸めてのせる。
3. **2** を中火にかけ、片面に焼き色が付くまで 2 分ほど焼く。裏返して蓋をし、弱めの中火で 3 分ほど蒸し焼きにする。

POINT
大人は辛子じょうゆやポン酢しょうゆなどをつけるのもおすすめ。

● 材料（大人 2 ＋子ども 1）直径20〜22cm 1 枚

卵…4 個

A
- じゃがいも…1 個（150g）
- ピーマン…1 個（30g）
- 赤ピーマン…1 個（30g）

ソーセージ（皮なし）…3 本（60g）

B
- 塩…少々
- 牛乳…大さじ 1

オリーブ油…大さじ 1

● 作り方

1. じゃがいもは1.5cm角に切り、さっと水にさらして水気を切る。ピーマン、赤ピーマンは1cm角に切る。ソーセージは1cm幅の輪切りにする。
2. 耐熱ボウルに **A** を入れてふんわりとラップをかけて電子レンジで 4 分加熱する。
3. **2** にソーセージと卵、**B** を加えてよく混ぜ合わせる。
4. フライパンに油を入れて中火にかけ、**3** を流し入れる。はしで大きくかき混ぜ半熟状になったら蓋をし、弱火で 8 分加熱する。
5. 表面まで火が通ったら、器に取り出し切り分ける。

POINT
直径が小さめなフライパンや鍋がおすすめ。半熟の状態で表面を整えるときれいに仕上がります。

鶏と納豆のつくね焼き

混ぜ込むことでねばねばしない！納豆嫌い克服に！

ひっくり返さない スパニッシュオムレツ

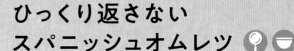

焼きっぱなしでOK！

ふわふわかに玉風

レンチンあんかけで
時短調理

●材料（大人2＋子ども1）

卵…4個	塩…小さじ1/4
絹ごし豆腐…150g	鶏ガラスープの素（顆粒）
長ねぎ…1/2本（50g）	…小さじ1/2
しいたけ…2枚（30g）	A 砂糖…小さじ1
かに風味かまぼこ	片栗粉…小さじ1
（ほぐしておく）…50g	水…100ml
	ごま油…大さじ1/2

●作り方

1. 豆腐は2cm角に切り、軽く水気をふき取っておく。長ねぎは縦半分に切り、斜め薄切りにする。しいたけは半分の長さの薄切りにする。

2. フライパンに油を入れて中火にかけ、長ねぎとしいたけを2分ほど炒める。しんなりとしたらかにかまと溶きほぐした卵を加えて菜ばしなどで大きくかき混ぜる。

3. 卵に火が通ったら弱火にして豆腐を加えてひと混ぜして温める。

4. 耐熱ボウルにAを入れてよく混ぜ合わせ、電子レンジで1分加熱する。一度取り出して混ぜ、さらに30秒加熱してとろみをつける。器に3を盛り、かける。
   ※子どもには、あんを小さじ1ほどかける。

水切り不要の
厚揚げチャンプルー

厚揚げで
ボリュームUP！

●材料（大人2＋子ども1）

厚揚げ…2枚（300g）	塩…少々
玉ねぎ…1/2個（100g）	水…大さじ1
ピーマン…2個（60g）	しょうゆ…小さじ2
にんじん…1/3本（50g）	かつお節…2.5g
卵…1個	サラダ油…大さじ1/2

●作り方

1. 厚揚げは2cm四方に切る。玉ねぎは半分の長さの薄切り、ピーマンは半分の長さの細切り、にんじんは3cm長さの細切りにする。卵は塩を加えて溶きほぐしておく。

2. フライパンに油を入れて中火にかけ、1の野菜を加えて炒める。全体に油がまわったら水を加えて蓋をし、弱火で5分ほど蒸し焼きにする。

3. 厚揚げを加えてさっと炒め合わせ、卵をまわし入れて大きくかき混ぜながら炒める。

4. しょうゆとかつお節を加えてさっと炒める。

 POINT 厚揚げの油が気になる場合は、湯をかけて油抜きをしましょう。水でさっと洗うだけでもOK。

汁物は
塩分調節しやすい

　野菜や海藻、肉など、どんな具材とも相性のよい汁物は、毎日の献立作りの強い味方。やわらかく煮た具材は食べやすく、かさも減るので栄養補給に役立ちます。

　具材のうま味や栄養が溶け出した汁もぜひ飲み干してほしいところですが、気になるのが塩分ではないでしょうか。子ども用に薄味にしようとお湯で薄めてはいませんか？

　実は、汁物は主菜や副菜に比べておいしさをキープしたまま塩分調節ができるのです。味付けをする前に、子ども用に具材とだし汁（洋風スープの素、鶏ガラスープの素の場合も同様）を取り分けます。最後に大人用に味を調えた汁だけを追加。そうすることで、塩分はひかえめながらも子ども用のうま味たっぷりのおいしい汁物が完成です。

子ども分の取り分け方

1. 鍋に食材、だし汁を入れて加熱。火が通ったら、子ども分の具材とだし汁を器に取り分ける。

↓

2. 鍋で味を調えたら、汁を取り分けた器に加える。

● 材料（大人2＋子ども1）
キャベツ…3枚（150g）
にんじん…1/5本（30g）
コーン（茹でたものまたは缶）…30g
だし汁…500ml
みそ…小さじ4

● 作り方
1. キャベツは2cm角に切る。にんじんは5mm幅のいちょう切りにする。
2. 鍋にだし汁とにんじんを入れて中火にかけ、煮立ったらキャベツとコーンを加えて弱火で5分ほど煮る。
3. みそを溶かし入れる。

　※子ども分の取り分け方は、56p上参照。

キャベツとコーンの
みそ汁

子どもに
大人気のコーン♪

POINT
みそ汁にコーンは意外に合う具材。コーンの甘味がみそ汁に溶け出します。

高野豆腐とわかめの みそ汁

乾物の豆腐で
味なじみよく！

●材料（大人2＋子ども1）

高野豆腐…1枚（12g）　　　だし汁…500ml
わかめ（乾）…2g　　　　　みそ…小さじ4
玉ねぎ…1/2個（100g）

●作り方

1. わかめは水で戻し、ひと口大に切る。玉ねぎは半分の長さの薄切りにする。
2. 鍋にだし汁と玉ねぎ、高野豆腐を戻さずそのまま入れて中火にかけ、煮立ったら弱火で5分ほど煮る。
3. 高野豆腐をキッチンバサミなどで1cm角ほどの食べやすい大きさに切り、わかめを加える。
4. みそを溶き入れる。

※子ども分の取り分け方は、56p参照。

POINT 高野豆腐を水で戻すのではなく、そのまま鍋で煮立たせます。煮立たせると、水分を吸ってふわふわでぷるぷるな食感になります。

ふわっふわ かきたま汁

具だくさんで
彩り豊か！

●材料（大人2＋子ども1）

玉ねぎ…1/4個（50g）　　　だし汁…500ml
にんじん…1/5本（30g）　　A ┌ しょうゆ…小さじ1
しいたけ…2枚（30g）　　　 └ 塩…小さじ1/3
卵…1個

●作り方

1. 玉ねぎは半分の長さの薄切りにする。しいたけは薄切りに、にんじんは3cm長さの細切りにする。
2. 鍋にだし汁と1を入れて中火にかけ、煮立ったら弱火で5分ほど煮る。
3. 中火にして煮立ったところに、よく溶きほぐした卵をまわし入れる。10秒ほどおき、卵に火が通ったらやさしくかき混ぜて火を止める。
4. Aを加えて味を調える。

※子ども分の取り分け方は、56p参照。

POINT 卵は細く流し入れ、すぐにはかき混ぜません。10秒ほどおいたらやさしくかき混ぜるとふわふわなかきたま汁になります。

じゃがいもとソーセージの
ミルクスープ

コロコロ具材が
スプーンで
すくいやすい！

● 材料（大人 2 ＋子ども 1）

じゃがいも…1 個（150g）
アスパラガス…2 本（40g）
ソーセージ（皮なし）
　…2 本（40g）

A
水…300ml
牛乳…200ml
洋風スープの素（顆粒）
　…小さじ1/2

塩…小さじ1/3

● 作り方

1. じゃがいもは 1cm角に切り、水にさらす。アスパラ
　 ガスは下半分をピーラーで剥き、1cm幅に切る。ソー
　 セージは 5mm幅の小口切りにする。

2. 鍋に A とじゃがいもとソーセージを入れて中火にかけ、
　 煮立ったらアスパラガスを加えて弱火で 5 分ほど煮る。

3. 塩を加えて味を調える。

　 ※子ども分の取り分け方は、56p参照。

POINT 手順の 2 は、ふきこぼれやすいので、
煮立つまでは注意してください。

春雨と小松菜のスープ

● 材料（大人 2 ＋子ども 1）

春雨（ショートタイプ）…20g
小松菜…1/2袋（100g）
にんじん…1/5本（30g）
ハム…2 枚（40g）

A
水…500ml
鶏ガラスープの素（顆粒）
　…小さじ 1

しょうゆ…小さじ 1

ちゅるちゅる
好きなら
このスープ！

● 作り方

1. 小松菜は茎は2cm長さに切り、葉は縦横に包丁を入れて2〜
　 3cm角のざく切りにする。にんじんは3cm長さの細切りにす
　 る。ハムは半分に切り、5mm幅の細切りにする。

2. 鍋に A とにんじんを入れて中火にかけ、煮立ったら小松菜
　 とハム、春雨を加えて 5 分ほど煮る。

3. しょうゆを加えて味を調える。

　 ※子ども分の取り分け方は、56p参照。

POINT 春雨が長い場合は、最後に食べやすい
長さに切ってください。

冷凍ほうれん草とお麩の みそ汁

冷凍野菜の活用で
調理時間たった5分！

●材料（大人2＋子ども1）

冷凍ほうれん草…100g
焼き麩…8個
だし汁…400ml
みそ…小さじ4

●作り方

1. 麩は水で戻し、水気を切る。
2. 鍋にだし汁を入れて中火にかけ、煮立ったら冷凍ほうれん草と1を加えてさっと煮る。
3. みそを溶き入れる。

　※子ども分の取り分け方は、56p参照。

POINT
お麩の大きさにもよりますが、大きければ子ども分は半分〜4等分くらいに切りましょう

冷凍オクラと豆腐の すまし汁

星型オクラで
かわいいすまし汁に！

●材料（大人2＋子ども1）

冷凍オクラ…50g
絹ごし豆腐…100g
だし汁…400ml
A [しょうゆ…小さじ1
　 塩…小さじ1/3

●作り方

1. 豆腐は1.5cm角に切る。
2. 鍋にだし汁を入れて中火にかけ、煮立ったら冷凍オクラと1を加えてさっと煮る。
3. Aを加えて味を調える。

　※子ども分の取り分け方は、56p参照。

POINT
汁物に入った豆腐は、子どもがつるんと飲み込んでしまいがちなので、しっかり噛むように促しましょう。

● 材料（大人2＋子ども1）

冷凍和野菜ミックス…200g
だし汁…400ml
すりごま…大さじ2
みそ…小さじ4

● 作り方

1. 鍋にだし汁と冷凍和野菜ミックスを入れて中火にかけ、煮立ったら3分ほど煮る。野菜が温まったらすりごまを加えて混ぜ合わせる。
2. みそを溶き入れる。

　　※子ども分の取り分け方は、56p参照。

POINT　和野菜ミックスは、メーカーによって野菜の種類が異なります。写真では、さといも、れんこん、にんじん、しいたけ、たけのこ、ごぼう、いんげんが入っています。大きい場合は、食べやすい大きさに切ってください。

● 材料（大人2＋子ども1）

冷凍ミックスベジタブル…100g
ツナオイル漬缶…1缶（70g）
A　水…300ml
　　牛乳…200ml
　　洋風スープの素（顆粒）…小さじ1/2
塩…小さじ1/3

● 作り方

1. ツナ缶は油を軽く切っておく。
2. 鍋にAと冷凍ミックスベジタブル、ツナ缶を入れて中火にかけ、煮立ったら弱火にして3分ほど煮る。
3. 塩を加えて味を調える。

　　※子ども分の取り分け方は、56p参照。

POINT　定番のあさりの代わりにお手軽なツナ缶を使います。オイルにもうま味がたっぷりです。

和野菜ミックスの けんちん汁

下ごしらえされた
ミックス野菜ですぐラク！

ミックスベジタブルと ツナのクラムチャウダー

ツナ缶で
子ども向けに
仕上げます

冷凍ポテト入り
コンソメスープ

定番スープも
一気にかわいく♪

●材料（大人2＋子ども1）

玉ねぎ…1/2個（100g）
にんじん…1/5本（30g）
冷凍ポテト…5個

A ┌ 水…500ml
  │ 洋風スープの素（顆粒）
  │   …小さじ1/2
  └ 塩…小さじ1/3

●作り方

1. 玉ねぎは半分の長さの薄切りにする。にんじんは3cm長さのせん切りにする。冷凍ポテトは袋の表記通りに加熱しておく。

2. 鍋にAと1の玉ねぎとにんじんを入れて中火にかけ、煮立ったら弱火で5分ほど煮る。

3. 塩を加えて味を調える。

4. 食べる直前にポテトをスープに浮かべる。

※子ども分の取り分け方は、56p参照。

POINT

ポテトは、時間がたつとスープの汁気を吸ってやわらかくなるので、崩して食べるのもおすすめ。好きな形のポテトを浮かべることで、子どもが楽しく食べることができます。

かわいいピックもいろいろ♪

— COLUMN 2 —

食べる子、 食べない子 我が子はどっち？

よく食べる、全然食べないというのは、子どもの食事において永遠のテーマ。食べすぎても困るし、食べなさすぎても困ると、どちらの悩みもつきません。

あまり食べない子は、食を促す工夫をしてみましょう。完食できたと自信を持たせるために少量で盛りつけたり、野菜を好きな形に型抜きしたり、ピックをさして楽しい雰囲気を作ってみましょう。また、お弁当箱に入れると食べることもあります。

逆に食べすぎる子は、「たくさん食べたね」などの声がけをして、食事の終わりを示すようにしてみましょう。おかわりも何度もくり返すのではなく、1回など回数を決めておくのがよいでしょう。また具だくさんにしてよく噛んで食べるようにすると満腹感を得やすくなります。

キャベツと豚肉の
重ね炊き 炊飯器

野菜もホロホロになる
温しゃぶ風ごはん

● 材料（作りやすい分量）

米…2合
キャベツ（ざく切り）…4枚分（200g）
にんじん（短冊切り）…1/3本分（50g）
えのきたけ（ほぐす）…小1/2袋分（50g）
豚肩ロース肉（しゃぶしゃぶ用）…200g
酒…大さじ1

A ┌ ポン酢しょうゆ…大さじ1と1/2
  │ ごま油…大さじ1/2
  └ 白ごま…適量

※市販のドレッシングでも可

● 作り方

[下ごしらえ] 米は洗い、炊飯釜で少なめの水（2合の目盛り
から大さじ3分減らす）を入れて30分以上浸水させておく。

1. 豚肉は酒をまぶす。

2. 炊飯釜の米の上にキャベツ、豚肉、えのきたけ、豚肉、
   にんじんの順で重ね、通常通り炊飯する。

3. 炊き上がったら肉と野菜を取り出し、キッチンバサミ
   などで食べやすい大きさに切る。

4. ごはんと を盛りつけ、合わせた A を添える。
   ※子どもは小さじ1程度の A をかけて。

POINT
炊き上がったときに、くっついてしまうので、
豚肉同士が重ならないようにのせましょう。

鮭とコーンの炊き込みごはん

冷凍 6日 ／ 炊飯器

おかずも兼ねて
鮭の分量は多めに！

● 材料（作りやすい分量）

米…2合
生鮭…3切れ（240g）
コーン（茹でたものまたは缶）…100g
酒…大さじ2
塩…小さじ1/3
バター…10g

● 作り方

[下ごしらえ] 米は洗い、炊飯釜で2合より少なめの水を入れて30分以上浸水させておく。

1. 鮭はさっと洗い水気をよくふき取っておく。
2. 炊飯釜にコーン缶の汁または茹で汁（あれば）と酒を加えて、2合の目盛りまで水を足す。塩を加えてひと混ぜする。
3. 2の上にコーンと1の鮭をのせて通常通り炊飯する。
4. 炊き上がったら、鮭の皮と骨を取り除き、バターを加えて混ぜ合わせる。

バンバンジーごはん

炊飯器

きゅうりを少し
炊飯器の保温で温めて、
青臭さを減らす！

● 材料（作りやすい分量）

米…2合
鶏ささみ…5本（250g）
　A 　酒…大さじ1
　　　しょうが（すりおろし）
　　　　…小さじ1/2
　　　塩…小さじ1/4
もやし…1袋（200g）

きゅうり…1/2本（50g）
ミニトマト（4等分に切る）…お好みで
　B 　すりごま…大さじ2
　　　砂糖…大さじ1/2
　　　酢…大さじ1
　　　みそ…大さじ1
　　　ごま油…大さじ1/2

● 作り方

[下ごしらえ] 米は洗い、炊飯釜で少なめの水（2合の目盛りから大さじ3分減らす）を入れて30分以上浸水させておく。鶏ささみはAと合わせて揉みこみ、10分以上おく。

1. もやしは食べやすい長さにする（26pPOINT参照）。きゅうりは3cm長さの細切りにする。
2. 炊飯釜の米の上にもやし、鶏ささみの順にのせて通常通り炊飯する。
3. 炊き上がったら鶏ささみを取り出し、きゅうりをのせて5分ほど保温する。鶏ささみははぐしておく。
4. もやしときゅうりを取り出し、ごはんと鶏ささみと野菜をそれぞれ盛りつける。合わせたBをかける。

※子どものタレは小さじ2程度に。

● 材料（作りやすい分量）

米…2合

さばみそ煮缶…1缶（190g）

ピーマン…4個（120g）

● 作り方

[下ごしらえ] 米は洗い、炊飯釜で2合より少なめの水を入れて30分以上浸水させておく。

1. ピーマンはヘタの部分を押してタネを取り除く。

2. 炊飯釜にさば缶の煮汁を加え、2合の目盛りまで水を足してひと混ぜする。

3. 2の上にピーマンとさばの身をほぐしてのせ、通常通り炊飯する。

4. 炊き上がったらピーマンを崩しながら混ぜ合わせる。

POINT 味付けは、さばみそ煮缶のみ。調理時間5分で炊飯スイッチを入れられます。さば缶のうま味が広がります。

さば缶と丸ごとピーマンの炊き込みごはん

冷凍 6日　炊飯器

包丁なしでできちゃう！

にんじんごはん

冷凍 6日　炊飯器

● 材料（作りやすい分量）

米…2合

にんじん…1本（150g）

鶏ひき肉（もも）…100g

A ┌ 酒…大さじ1

　├ しょうゆ…小さじ1

　└ 塩…小さじ1/4

● 作り方

[下ごしらえ] 米は洗い、炊飯釜で2合より少なめの水を入れて30分以上浸水させておく。

1. にんじんは皮を剥き縦半分に切る。

2. 炊飯釜にAを加え、2合の目盛りまで水を足してひと混ぜする。

3. 2の上にひき肉を広げ、にんじんをのせて通常通り炊飯する。

4. 炊き上がったら、にんじんをしゃもじでほぐしながら全体を混ぜ合わせる。

明るい彩り♪
和風・洋風
どちらも合う！

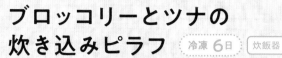

ブロッコリーとツナの炊き込みピラフ

冷凍 **6日** | 炊飯器

ブロッコリーが苦手な子でも食べられる！

● 材料（作りやすい分量）

米…2合
ツナオイル漬缶…1缶（70g）
ブロッコリー…1個（正味150〜200g）
塩…小さじ1/3

● 作り方

[下ごしらえ] 米は洗い、炊飯釜で少なめの水（2合の目盛りから大さじ3分減らす）を入れて30分以上浸水させておく。

1. ブロッコリーは水を張ったボウルに浸けてふり洗いをして、茎を切り落とす。
2. 炊飯釜に塩を加えてひと混ぜし、その上にオイルごとツナ缶とブロッコリーをのせて通常通り炊飯する。
3. 炊き上がったらブロッコリーをほぐしながら混ぜ合わせる。

　※大人はお好みで黒こしょうとバターを加える。

POINT ブロッコリーはホロホロになるので、しゃもじで細かくほぐれます。

トマトとソーセージの炊き込みミルクリゾット

炊飯器

牛乳でトマトの酸味がまろやかに！

● 材料（大人2＋子ども1）

米…1合
トマト…1個（200g）
しめじ…小1/2袋（50g）
ソーセージ（皮なし）…3本（60g）
A ⎰ 洋風スープの素（顆粒）…小さじ1/2
　 ⎱ 塩…小さじ1/4
牛乳…50ml

● 作り方

[下ごしらえ] 米は洗い、炊飯釜で1合の目盛りまで水を入れて浸水させておく。

1. トマトはヘタを取る。しめじは粗みじん切りにする。ソーセージは5mm幅に切る。
2. 炊飯釜にAを加えてひと混ぜし、その上に1をのせて通常通り炊飯する。
3. 炊き上がったら牛乳を加えてトマトを崩しながら混ぜ合わせる。

　※大人はお好みでチーズを加えても。

POINT トマトの皮の口あたりが苦手な場合は、取り除いて。

つゆだく豚丼

野菜もたっぷり
迷ったときの一品！

●材料（大人2＋子ども1）

豚肩ロース肉（薄切り）…250g
玉ねぎ…1/2個（100g）
小松菜…1/2袋（100g）
にんじん…1/3本（50g）
サラダ油…大さじ1/2
A［ だし汁…100ml
　　みりん…小さじ2
　　しょうゆ…小さじ2
　　片栗粉…小さじ1 ］
ごはん…茶わん3杯分

●作り方

1. 豚肉は2cm長さに切る。玉ねぎは半分の長さの薄切りにする。小松菜は茎は2cm長さに切り、葉は縦横に包丁を入れて2～3cm角のざく切りにする。にんじんは3cm長さの細切りにする。

2. フライパンに油を入れて中火にかけ、玉ねぎとにんじんを加えて3分ほど炒める。

3. しんなりとしてきたら小松菜と豚肉を加えて全体に火が通るまで炒める。

4. よく混ぜ合わせたAを加えてとろみがつくまで2分ほど加熱する。

5. 器にごはんを盛り、4をかける。

炊き込みチキンオムライス

冷凍 **6日** （チキンライスのみ） 🍚 🍳 炊飯器

包まないから
失敗しない！

● 材料（作りやすい分量）

米…2合
鶏もも肉…150g
玉ねぎ…1/2個（100g）
にんじん…1/3本（50g）
ピーマン…1個（30g）

A ┌ トマトケチャップ…大さじ1
　└ 洋風スープの素（顆粒）…小さじ1

＜レンチンスクランブルエッグ＞

卵…4個

B ┌ 牛乳…大さじ4
　└ 塩…少々

トマトケチャップ…適量

● 作り方

[下ごしらえ] 米は洗い、炊飯釜で少なめの水（2合の目盛りから大さじ3分減らす）を入れて30分以上浸水させておく。

1. 鶏肉は皮を取り除き、2cm角に切る。玉ねぎ、にんじん、ピーマンはみじん切りにする。

2. 炊飯釜にAを加えてひと混ぜし、その上に1をのせて通常通り炊飯する。

3. 耐熱ボウルに卵を入れ、Bを加えてよく混ぜ合わせ、電子レンジで2分30秒加熱する。一度取り出し、固まりをほぐし、さらに1分加熱する。全体を混ぜ合わせる。

4. 2を盛りつけ、3をのせる。お好みでケチャップをかける。

懐かしのわかめごはん

冷凍 **6日** 炊飯器

切り干し大根で
うま味倍増！

● 材料（作りやすい分量）

米…2合
わかめ（乾）…5g
切り干し大根…30g
塩…小さじ1/3
水…50ml
白ごま…適量

● 作り方

[下ごしらえ] 米は洗い、炊飯釜で2合の目盛りまで水を入れて浸水させておく。

1. 切り干し大根は水（分量外）に浸けて10秒ほど揉み洗いをして水気を絞り、みじん切りにする。

2. 炊飯釜に塩を入れてひと混ぜし、その上に1をのせて水を加えて、通常通り炊飯する。

3. わかめは水（分量外）で戻し、みじん切りにする。

4. 炊き上がりに3とごまを加えて全体を混ぜ合わせる。
※大人はお好みで塩を加える。

POINT
切り干し大根は戻さずに加えます。多めの水で炊くとちょうどよい仕上がりに。

● 材料（大人2＋子ども1）

鶏ひき肉（もも）…100g
木綿豆腐…150g
ピーマン（粗みじん切り）…4個（120g）
ごま油…大さじ1/2
A［しょうが…小さじ1/2
　砂糖…大さじ1/2
　みそ…大さじ1
ごはん…茶わん3杯分

● 作り方

1. フライパンに油を入れて中火にかけ、ひき肉と豆腐を加えて豆腐を崩しながら炒める。
2. 豆腐の水分を飛ばすように3分ほど炒めたら、ピーマンを加えて、さらに3分ほど炒める。
3. Aを加えて、全体を炒め合わせる。
4. 器にごはんを盛り、3をかける。

ピーマンそぼろ丼

冷凍 6日

豆腐でおいしく
かさ増し！

● 材料（作りやすい分量）

合いびき肉…250g
玉ねぎ（みじん切り）…1/2個（100g）
にんにく（すりおろし）…小さじ1/2
オリーブ油…小さじ1
塩・こしょう…少々
A［カットトマト缶…1缶（400g）
　砂糖…小さじ1
　塩…小さじ1/3
スパゲッティ…3人分

● 作り方

1. フライパンに油を入れて中火にかけ、玉ねぎとにんにくを加えて5分ほど炒める。
2. 玉ねぎがしんなりとしたらひき肉を加えて炒め、塩・こしょうをふる。肉に火が通ったらAを加えて5分ほど煮る。
3. スパゲッティは袋の表記時間通りに茹でてザルにあげておく。
4. 3に2を絡めて器に盛る。

たっぷりトマトの
ミートソース

冷凍 6日
（ソースのみ）

ソースはごはんや
パンにも合う！

3歳～5歳
のレシピ

幼児食にも慣れてきた後半期。
自分の力で食べやすいものにしたり、
さらにいろいろな味や
食材を食べさせたいころです。

苦手なものでも、保育園や幼稚園ではみんながいるから食べられるということもあるでしょう。「おいしくないから食べない」「もっとちゃんと作らないと」と思わなくても大丈夫。料理の腕とは関係ありません。集団生活がはじまると、時間内に食べるという必要も出てきます。ダラダラと長く食べるのではなく、時間を意識して食べることもはじめてみましょう。

また、食事のマナーもこの時期から身につけていきましょう。「いただきます」「ごちそうさま」のあいさつや、お茶わんを持って食べる、正しい姿勢で食べる、食べ物を口に入れたまま話さないなど、幼いころに身につけた習慣は大人になっても変わらないものです。食事の時間が楽しくない時間とならないように頭ごなしに厳しくするのではなく、どのようにしたら気持ちよく食事ができるかを考えて伝えてあげるようにしましょう。

1日に必要なエネルギー

男子：**1300**kcal　女子：**1250**kcal

【厚生労働省「日本人の食事摂取基準（2020年版）」より】
※1日3食＋1回のおやつ（15％はおやつで補給）

1食の食事量目安

	食品名	目安量
主食	ごはん	子ども茶わん1杯（115〜150g） ※献立はごはんを中心に。 　脂質や塩分の摂りすぎを防げます。
	うどん	2/3〜1玉
主菜	肉・魚	50〜60g ※魚の場合、2/3切れ ※卵や大豆製品も取り入れる
副菜　汁物	野菜	合わせて70〜140g 1日で280gを目指したい

口の中

上下２０本の乳歯が生えそろい、歯並びや噛み合わせが完成します。咀しゃくも上手になり、多少の繊維や歯ごたえのあるものでもよく噛めるようになります。

食べ方

スプーンやフォークを使うのが上手になってくるころです。おはしに興味を持ちはじめたら子ども用のおはしを用意しましょう。まだ上手に使えないので、スプーンやフォークと合わせて使います。茹でたブロッコリーや高野豆腐、厚揚げ、オムレツなど、滑りにくく弾力のある食材がはさみやすいです。

食材のサイズ目安

３歳〜５歳は、噛む力がついてくるころです。大きめのサイズに切って、ひと口で食べずにかじり取らせてもいいでしょう。

肉	魚	根菜

肉

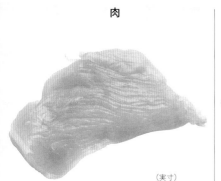

（実寸）

大人のひと口大よりは小さめにし、**5cm角程度**に切る。

魚

（実寸）

切り身を**3等分**にする。食べるときにほぐしてあげても。

根菜

半月切り　　短冊切り

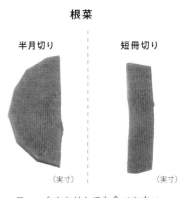

（実寸）　　（実寸）

フォークやおはしでも食べやすい**3cm大**サイズ。

おはしの使い方

鉛筆が上手に持てて、思うように描けていれば、手指の機能が発達している目安になります。まずは大人がおはしの持ち方の見本を見せて練習をしましょう。

［ おはしの選び方 ］

子どもの手の大きさに合ったものを選びます。**手の長さ**（手のひらの根元から中指の先まで）**よりも少し長いもの**（プラス３cm）が目安です。実際に子どもに持たせて長さを確認してみましょう。

上側のはしの先は下のはしの先に揃える

1本は中指の爪の横にあてるようにする

親指と人差し指で軽くはさむ

もう1本は親指の付け根ではさむ

薬指の腹にはしをのせる

子どもが3歳〜5歳になると、おうちの方も仕事や家事、育児をこなす日々の流れにもちょっと慣れてきたころでしょうか。子どもと買い物に行けるようになってきたかもしれません。一緒に食材を選んだり、目当ての食材を持ってきてもらったりすることで、子どもが苦手なものも食べてみようという意識につながることも。

買い物を週3回する場合、こまめに食材を買えるのでしっかりと使い切ること

ができるようになります。

買い物ができない日などはネットスーパー、宅配サービスもおすすめです。冷凍できる作りおきおかずを取り入れると食べ飽きることもなく、献立のバリエーションも広がります。何品かストックしておくと心強いです。

週に3回作りおき

2食分の作りおきを2日に1回くらいのペースで小まめに作ることで、帰宅後の調理時間の短縮になります。1食分を冷凍して保存しておいてもいいでしょう。

 月
・買い物なし
・作りおきで乗り切る

> ストックしていた
> 冷凍副菜を
> レンチンして

火
・買い物
・作りおきを作る！

 水
・買い物なし
・作りおきで乗り切る

> 週の半ばは、
> 一品レシピと
> 簡単副菜に

 木
・買い物
・作りおきを作る！

 金
・買い物なし
・作りおきで乗り切る

> 簡単な炒め物と
> 冷凍していた
> 副菜でOK

 土
・買い物
・作りおきを作る！

> 日持ちする
> 根菜を
> 週末に使って

  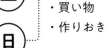 **日**

1週間の献立例 （平日5日分/夕食を想定）

	主菜	副菜	汁物
月	かじきとブロッコリーの蒸し照り焼き ➡ 101p	きのこのオイル蒸し ➡ 84p	切り干し大根とさつまいものみそ汁 ➡ 104p
火	麻婆豆腐 ➡ 91p	ポリポリきゅうり ➡ 87p	かにかまとキャベツの中華スープ ➡ 106p
水	ホロホロカオマンガイ ➡ 111p	ポリポリきゅうり ➡ 87p	
木	白身魚ときのこのアクアパッツァ ➡ 93p	まろやかにんじんサラダ ➡ 86p	ブレンダーいらずのかぼちゃポタージュ ➡ 105p
金	豚肉と小松菜のふんわり卵炒め ➡ 95p	きのこのオイル蒸し ➡ 84p	厚揚げとブロッコリーのバターみそ汁 ➡ 104p

小松菜とひじきの そぼろみそ炒め

冷蔵 **3**日　冷凍 **6**日　

●材料（大人2＋子ども1）×2食分

小松菜…1袋（200g）
ひじき（乾）…12g
鶏ひき肉（もも）…100g
サラダ油…小さじ1

A
｜みりん…小さじ2
｜みそ…小さじ2
｜しょうが（すりおろし）
｜…小さじ1

●作り方

[下ごしらえ] ひじきはさっと洗い、袋の表記通りに戻し
水気を切っておく。

1. 小松菜は茎は2cm長さに切り、葉は縦横に包丁を入れて2〜
   3cm角のざく切りにする。
2. フライパンに油を入れて中火にかけ、小松菜を加えて炒める。
   小松菜から出た水分が少なくなったらひき肉とひじきを加え
   て炒める。
3. 全体に火が通ったら合わせたAを加えてさっと炒め合わせる。

POINT 水気をしっかり飛ばすことで、保存性UP。ごはんに混ぜてもおいしいです。

これだけで
栄養ばっちり！

歯ごたえが楽しい！

長芋とコーンのはんぺん焼き

冷蔵 **3**日　冷凍 **6**日　　ポリ袋

●材料（大人2＋子ども1）×2食分　　直径28cmフライパン1枚分

長芋…300g
はんぺん…1枚（100g）
コーン（茹でたものまたは缶）
　…50g

A
｜片栗粉…大さじ3
｜塩…ひとつまみ（1g）

サラダ油…大さじ1

●作り方

1. はんぺんはポリ袋に入れて滑らかになるまでよく揉む。
2. 長芋は適当な大きさに切り、1に加えてめん棒などでた
   たく（小さな固まりがあってもOK）。コーンとAを加え
   て混ぜ合わせる。
3. フライパンに油を入れて中火にかけ、2を流し入れて広げ
   る。片面に焼き色が付いたら裏返し、さらに3分ほど焼く。
4. 食べやすい大きさに切り分ける。

POINT 長芋をたたくときは、ポリ袋の上にタオルをかぶせると、
ポリ袋が破けるのを防げます。めん棒がなければ、瓶の底でも。

大豆としめじの甘辛炒め

冷蔵 **3**日　ポリ袋　

おいしすぎて味見が
止まらなくなる…!?

●材料 (大人 2 +子ども 1) × 2 食分

しめじ…大 1 袋 (200g)
大豆水煮…150g
片栗粉…大さじ 2
ごま油…大さじ 2

A
┌ 砂糖…小さじ 1
│ みりん…小さじ 2
└ しょうゆ…小さじ 2

●作り方

1. しめじは小房に分ける。大豆水煮はさっと洗い、水気をしっかりとふき取る。

2. 1 をポリ袋に入れ、片栗粉を加えてふり混ぜる。

3. フライパンに油を入れて中火にかけ、2 を加えて炒める。片栗粉が透明になり、パラパラとしてきたら A を加えて全体に絡めるように炒め合わせる。

POINT
片栗粉でぽろぽろしがちな大豆もまとまり、
子どもでも食べやすくなります。

白菜としいたけの炒め煮

冷蔵 **3**日　

しいたけ×かつお節
×昆布のだしおかず

●材料 (大人 2 +子ども 1) × 2 食分

白菜…1/4個 (500g)
しいたけ…4 個 (60g)
ごま油…小さじ 2

A
┌ 塩昆布…5g
│ かつお節…2.5g
└ しょうゆ…大さじ1/2

●作り方

1. 白菜は芯は1cm幅に切り、葉は縦横に包丁を入れて 2 〜3cm角のざく切りにする。しいたけは薄切りにする。

2. フライパンに油を入れて中火にかけ、1 を 2 分ほど炒める。

3. しんなりとして白菜から水分が出てきたら、A を加えて蓋をして弱火で10分ほど煮る。

POINT
白菜を芯と葉の部分で切り方を変えて、
子どもでも食べやすくします。

●材料（大人2＋子ども1）×2食分

レタス…1個（400g）

ベーコン…2枚（30g）

A ┌ 洋風スープの素（顆粒）…小さじ1/2
  └ 塩…少々

●作り方

1. レタスは食べやすい大きさにちぎる。ベーコンは
   1cm幅に切る。
2. フライパンにベーコンを入れて炒める。ベーコンか
   ら脂が出てきたらレタスを加えて4分ほど炒める。
3. レタスがしんなりとしたらAを加えてさっと炒める。

POINT　レタスは加熱することでかさが減り、
子どもも食べやすくなります。

レタスとベーコンの
さっと炒め　冷蔵 3日

食材2つの
簡単おかず

●材料（大人2＋子ども1）×2食分

ごぼう…1本（150g）

にんじん…1本（150g）

ごま油…小さじ2

A ┌ だし汁…200ml
  └ 砂糖…大さじ1/2

しょうゆ…大さじ1/2

●作り方

1. ごぼうは縦半分に切り、斜め薄切りにし、水にさら
   しておく。にんじんは4cm長さの細切りにする。
2. フライパンに油を入れて中火にかけ、水気を切った
   ごぼうとにんじんを加えて3分ほど炒め、Aを加え
   て蓋をして10分ほど煮る。
3. 蓋を開けて水気を飛ばし、しょうゆをまわしかける。

POINT　蓋をして煮ることで、根菜もやわらかくなります。

きんぴらごぼうにんじん
冷蔵 3日　冷凍 6日

ごま油の風味で
ごぼうの臭み
軽減！

れんこんのり塩バター

冷蔵 **3**日　冷凍 **6**日

シャキシャキ
食感でパクパク
食べられちゃう♪

● 材料（大人2＋子ども1）×2食分

れんこん…2節（400g）

バター…10g

A
- 塩…小さじ1/3
- 青のり…小さじ1

● 作り方

1. れんこんは4cm長さの細切りにし、さっと水にさらして水気を切る。
2. フライパンにバターを入れて中火にかけ、**1**を4分ほど炒める。
3. 全体に火が通ったら**A**を加えてさっと炒め合わせる。

POINT

青のりと塩味は、鉄板の組み合わせ。そこにバターも加わるとさらに香りとコクもUP！

切り干し大根の煮物

冷蔵 **3**日　冷凍 **6**日

しっかりしみた
味付けがおいしい

● 材料（大人2＋子ども1）×2食分

切り干し大根…50g

ちくわ…1本（30g）

にんじん…1/3本（50g）

ごま油…小さじ1

A
- 砂糖…小さじ1
- しょうゆ…小さじ1
- だし汁…200ml

● 作り方

1. 切り干し大根は10秒ほど揉み洗いをして食べやすい長さに切る。にんじんは3cm長さの細切りにする。ちくわは縦半分に切り、斜め切りにする。
2. 鍋に油を入れて中火にかけ、**1**を炒める。全体に油がまわったら**A**を加えて弱めの中火で10分ほど煮汁が少なくなるまで煮る。

POINT

ちくわを入れることでうま味だけでなく、ボリュームもUPします。

● 材料（大人2＋子ども1）×2食分

キャベツ…1/4個（300g）

油揚げ…2枚

A ┌ 砂糖…小さじ1
  │ みそ…小さじ2
  └ 酢…小さじ2

● 作り方

1. キャベツは3cm角のざく切りにする。油揚げは縦3等分に切り、1cm幅に切る。

2. 鍋に湯を沸かし、1を入れて4分ほど茹で、ザルにあげて粗熱を取り水気を絞っておく。

3. ボウルにAを入れて混ぜ合わせ、2を加えて和える。

POINT 水気はしっかりと絞ります。そうすることで、味なじみがよくなります。

● 材料（大人2＋子ども1）×2食分

ほうれん草…1袋（200g）

厚揚げ…1枚（150g）

サラダ油…小さじ1

A ┌ すりごま…大さじ1/2
  │ みりん…大さじ1/2
  └ みそ…大さじ1/2

● 作り方

1. ほうれん草は洗い、大きめの耐熱ボウルに入れてふんわりとラップをかけて電子レンジで3分加熱する。

2. 1は水にとり、水気をよく絞る。茎は3cm長さに、葉は縦横に包丁を入れて2～3cm角のざく切りにする。

3. 厚揚げは1cm幅の食べやすい大きさに切る。

4. フライパンに油を入れて厚揚げを焼く。表面に焼き色が付いたら2と、合わせたAを加えてさっと炒め合わせる。

POINT 厚揚げを入れることで、ボリュームがUP！

キャベツとお揚げの酢みそ和え 冷蔵 3日

酸味は控えめで食べやすい

ほうれん草と厚揚げのごま炒め 冷蔵 3日

ごまの香りが食欲をそそる香ばしさ

焼きかぶの塩昆布和え

冷蔵 **3**日

味がしみて
翌日もおいしい！

● 材料（大人2＋子ども1）×2食分

かぶ…4個（320g）

かぶの葉…2個分（80g）

ごま油…小さじ1

A [塩昆布…5g
  しょうゆ…小さじ1]

● 作り方

1. かぶは1.5cm幅のいちょう切りにする。かぶの葉は2cm長さに切る。

2. フライパンに油を入れて中火にかけ、**1**を入れる。全体に焼き色が付くまで4分ほど焼く。

3. **A**を加えてさっと炒め合わせる。

POINT 焼き色を付けることで、香ばしさが出ます。

トマトのつゆ浸し

冷蔵 **3**日

皮が取れて
味しみバツグン！

● 材料（大人2＋子ども1）×2食分

ミニトマト…20〜25個

A [めんつゆ（3倍濃縮）…大さじ1
  水…100ml]

● 作り方

1. ミニトマトはヘタを取り、ヘタの部分に浅く十字の切り込みを入れておく。

2. 小鍋に湯（分量外）を沸かし、**1**を入れて、ミニトマトを転がすように鍋をまわして10秒ほど加熱する。

3. すぐにザルにあげ、保存袋に入れて**A**を加えて冷蔵庫で冷やす。

POINT 切り込みを入れているので、皮は自然と剥けます。皮は食卓で取りながら食べても。皮がなくやわらかくなるので、誤嚥予防にもなります。

●材料（大人２＋子ども１）×２食分

ブロッコリー…１個（250g）
かに風味かまぼこ…50g
コーン（茹でたもの
　または缶）…50g
ごま油…小さじ１

A
鶏ガラスープの素
　（顆粒）…小さじ1/2
片栗粉…小さじ１
塩…少々
水…200ml

ブロッコリーとかにかまコーンあん 冷蔵 3日

●作り方

1. ブロッコリーは小さめの小房に分ける。芯は硬い部分をそぎ落とし、薄切りにする。かにかまはほぐす。
2. フライパンに油を入れて中火にかけ、ブロッコリーを２分ほど炒める。
3. かにかま、コーン、よく混ぜ合わせたAを加え、とろみがつくまで混ぜ合わせながら２分ほど煮る。

とろみのおかげで
コーンのぽろぽろ
なし！

POINT ブロッコリーの芯は、硬い部分を切り落とすと、中はやわらかく食べやすいので、丸ごと使いましょう。

●材料（大人２＋子ども１）×２食分

玉ねぎ…1/2個（100g）
ズッキーニ…１本（150g）
黄パプリカ…１個（150g）
トマト…１個（200g）
ベーコン…２枚（30g）

オリーブ油…小さじ１
にんにく(すりおろし)
　…小さじ1/2

A
砂糖…小さじ１
塩…小さじ1/3

フレッシュトマトのラタトゥイユ 冷蔵 3日 冷凍 6日

●作り方

1. 玉ねぎ、ズッキーニ、黄パプリカ、ベーコンは1.5cm角に切る。トマトは3cm角に切る。
2. フライパンに油とにんにく、玉ねぎ、ベーコンを入れて中火にかけて炒める。
3. 玉ねぎが透き通ってきたらズッキーニ、黄パプリカを加えてひと混ぜし、全体に油がまわったらトマトとAを加えて蓋をし、10分ほど煮る。

夏野菜を
たっぷり
おいしく！

POINT 水は加えず、トマトの水分で作るので、濃厚な味わいです。

コロコロ野菜のシーザーサラダ風

冷蔵 **3日**

カラフルで
見た目にも
楽しいサラダ♪

●材料（大人2＋子ども1）×2食分

さつまいも…1本（200g）
きゅうり…1本（100g）
にんじん…1/2本（50g）

A
にんにく（すりおろし）
…小さじ1/3
粉チーズ…大さじ2
マヨネーズ…大さじ2
塩・こしょう…少々

●作り方

1. さつまいも（皮つきのまま）、きゅうり、にんじんは1.5cm角に切る。
2. 鍋にたっぷりの水とさつまいも、にんじんを入れて強火にかけ、沸騰したら弱火にして5分ほど茹でる。残り1分になったらきゅうりを加えて一緒に茹で、ザルにあげて粗熱を取り、水気をよく切る。
3. ボウルにAを入れて混ぜ合わせ、2を加えて和える。

POINT きゅうりは、茹でることで青臭さを抑える効果があります。

大根ときゅうりの中華サラダ

冷蔵 **3日**

パリポリな食感で
どんどん
食べられる！

●材料（大人2＋子ども1）×2食分

大根…大1/4本（300g）
きゅうり…1本（100g）
わかめ（乾）…4g
塩…小さじ1/2

A
砂糖…小さじ1
しょうゆ…小さじ1
ごま油…小さじ2

●作り方

1. 大根は4cm長さの細切りにする。きゅうりはせん切りにする。
2. 1をボウルに入れて塩を加えて揉み、10分ほどおく。水分が出たら水で洗い、水気をよく絞る。
3. わかめは水で戻し、粗みじん切りにする。
4. 2、3、Aをよく混ぜ合わせる。

POINT 大根やきゅうりは、塩を加えて揉みこんでしっかりと水分を出します。そうすることで保存の途中で水分が出てくるのを防ぎます。

● 材料（大人2＋子ども1）×2食分

にら…1/2束（50g）
にんじん…1/3本（50g）
玉ねぎ…1/2個（100g）

A
薄力粉…100g
片栗粉…20g
卵…1個
溶けるチーズ…30g
水…100ml

ごま油…大さじ2

● 作り方

1. にらは3cm長さのざく切りにする。にんじんは3cm
   長さの細切りにする。玉ねぎは半分の長さの薄切り
   にする。
2. ボウルにAを入れて混ぜ合わせ、1を加えて混ぜる。
3. フライパンに油を半量入れて中火にかけ、2を半量
   入れて3分ほど焼く。
4. 焼き色が付いたら裏返し、さらに2分ほど焼く。同
   様にもう1枚作る。

POINT
タレなしでもおいしいですが、大人は
酢じょうゆをつけるのもおすすめ。

● 材料（大人2＋子ども1）×2食分

大根…大1/3本（400g）

A
めんつゆ（3倍濃縮）…大さじ1
バター…10g

● 作り方

1. 大根は1cm幅のいちょう切りにする。耐熱ボウルに
   入れてふんわりとラップをかけて電子レンジで5分
   加熱する。
2. 水気を切り、Aを加えてバターを溶かすように混ぜ
   合わせ、ラップをかけずに電子レンジで5分加熱す
   る。
3. ひと混ぜして同様に電子レンジで3分加熱する。

POINT
電子レンジで加熱して、途中で混ぜることで、
全体に味がよくしみこみます。

たっぷり野菜のチーズチヂミ

冷蔵 3日　冷凍 6日

野菜×チーズで
食べやすい！

味しみバター大根

冷蔵 3日　冷凍 6日

レンジ加熱
だけでも
しっかり味しみ

キャベツのごま和え

冷蔵 3日

> キャベツの
> 甘味があふれる！

● 材料（大人 2 ＋子ども 1）× 2食分

キャベツ…大1/4個（400g）
A ┌ 砂糖…小さじ 1
　├ すりごま…小さじ 2
　└ しょうゆ…小さじ 2

● 作り方

1. キャベツは3cm角のざく切りにし、耐熱ボウルに入れて、ふんわりとラップをかけて電子レンジで 5 分加熱する。
2. 粗熱を取り、水気を絞ってボウルに入れ、A を加えて和える。

POINT ☝ お弁当のおかずやおつまみにもぴったり。

れんこんの梅マヨサラダ

冷蔵 3日

> 酸っぱい梅干しが
> マイルドに！

● 材料（大人 2 ＋子ども 1）× 2食分

れんこん… 2 節（400g）
A ┌ 梅干し… 2 個（正味20g）
　└ マヨネーズ…大さじ 2

● 作り方

1. れんこんは5mm幅のいちょう切りにしてさっと水にさらし、水気を軽く切る。梅干しは種を取り、包丁でたたいてペースト状にする。
2. れんこんを耐熱ボウルに入れて、ふんわりとラップをかけて電子レンジで 8 分加熱する。
3. 粗熱を取り、水気をよくふき取り A を加えて和える。

POINT ☝ 子どもがそのまま食べるにはまだ抵抗のある梅干しも、マヨネーズと合わせて酸味をやわらげます。

きのこのオイル蒸し

冷蔵 **3**日　冷凍 **6**日　

きのこのうま味
たっぷり！

●材料（大人2＋子ども1）×2食分

しめじ・まいたけ・えのきたけ…合わせて400g

A
- 塩…小さじ1/3
- にんにく（すりおろし）…小さじ1/2
- オリーブ油…大さじ1

●作り方

1. しめじは半分の長さに切る。まいたけはざく切りにする。えのきたけは3等分の長さに切る。
2. 耐熱ボウルに**1**と**A**を入れてひと混ぜし、ラップをかけずに電子レンジで6分加熱する。

 POINT　きのこはたっぷりの量ですが、加熱するとかさが減ります。大きめのボウルで作りましょう。

さつま揚げで
食べ応えUP

小松菜とさつま揚げの
さっと煮　冷蔵 **3**日

●材料（大人2＋子ども1）×2食分

小松菜…1袋（200g）

にんじん…1/2本（75g）

さつま揚げ…1〜2枚（60g）

A
- 鶏ガラスープの素（顆粒）…小さじ1/2
- 塩…少々

●作り方

1. 小松菜の茎は3cm長さ、葉は縦横に包丁を入れて2〜3cm角のざく切りにする。にんじんは4cm長さの短冊切りにする。さつま揚げは半分に切り、1cm幅の細切りにする。
2. 耐熱ボウルに**1**を入れて**A**を加えてひと混ぜしてふんわりとラップをかけて電子レンジで5分加熱する。

 POINT　練りもの製品は意外と塩分が多いので、味付けは「薄く」を意識しましょう。

なすの甘ポン和え

冷蔵 **3**日 　🖥

なすが
とろっとろ！

● 材料（大人 2 ＋子ども 1 ）× 2 食分

なす…4 本（320g）
ごま油…大さじ 1
A 〔 砂糖…大さじ 1
　　ポン酢しょうゆ…大さじ 2 〕

● 作り方

1. なすは1本につき3か所ほどピーラーで皮を剥き、2cm幅の半月切りにする。水にさらして 5 分ほどおく（なすの水のさらし方は39p参照）。

2. なすの水気をふき取り、耐熱ボウルに入れて油を加えて全体に絡める。ふんわりとラップをかけて電子レンジで 6 分加熱する。

3. 熱いうちに **A** を加えて和える。

かぼちゃのチーズサラダ

冷蔵 **3**日 　冷凍 **6**日 　🖥

ちょっと溶けた
チーズがおいしい

● 材料（大人 2 ＋子ども 1 ）× 2 食分

かぼちゃ…1/4個（正味400g）
プロセスチーズ…50g
A 〔 マヨネーズ…大さじ 2
　　塩・こしょう…少々 〕

● 作り方

1. かぼちゃは2〜3cm角に切る。チーズは1cm角に切る。

2. 耐熱ボウルにかぼちゃを入れて、ふんわりとラップをかけて電子レンジで 8 分加熱する。

3. 熱いうちにチーズを加えて混ぜ合わせる。粗熱が取れたら **A** を加えて和える。

POINT
 かぼちゃとチーズは相性ばっちり。パンにのせるのもおすすめです。

● 材料（大人 2 ＋子ども 1 ）× 2 食分

にんじん…2 本（300g）

A
｜ 塩…小さじ1/3
｜ 砂糖…小さじ 1
｜ 酢…大さじ 1 と1/2
｜ オリーブ油…大さじ 1

● 作り方

1. にんじんは3cm長さのせん切りにする。
2. 耐熱ボウルに A を入れて混ぜ合わせ、1 を加えて和える。
3. ふんわりとラップをかけて電子レンジで 5 分30秒加熱する。
4. 全体をひと混ぜして粗熱を取り、冷蔵庫で冷やす。

POINT 根菜のせん切りは、スライサーを使うと便利。

まろやかにんじんサラダ

冷蔵 3日 □

まろやかな酸味の
さっぱり味！

● 材料（大人 2 ＋子ども 1 ）× 2 食分

じゃがいも…2 個（300g）
玉ねぎ…1/2個（100g）
ソーセージ…3 本（60g）

A
｜ 洋風スープの素（顆粒）…小さじ 1
｜ 塩・こしょう…少々

● 作り方

1. じゃがいもは1.5cm角に切る。玉ねぎは半分の長さの薄切りにする。ソーセージは斜め薄切りにする。
2. 耐熱ボウルに 1 を入れてふんわりとラップをかけて電子レンジで 8 分加熱する。
3. 熱いうちに A を加えて和える。

ジャーマンポテト

冷蔵 3日 □

炒めないので
油っこくない

ポリポリきゅうり

冷蔵 **3**日 🖥

漬け込むだけの
お助けおかず！

● 材料（大人2＋子ども1）×2食分

きゅうり…3本（300g）

A ┌ 砂糖…大さじ1/2
　├ ごま油…大さじ1/2
　├ しょうゆ…大さじ1
　└ 酢…大さじ1

● 作り方

1. きゅうりは皮を3か所ほど剥き、3cm幅の輪切りにする。
2. 耐熱ボウルに1とAを入れてふんわりとラップをかけて電子レンジで3分加熱する。
3. 保存袋に入れて一晩漬け込む。

 POINT ちょっとした手間ですが皮を少し剥くことで、味のしみ込みがよくなります。

ピーマンのナポリタン風

冷蔵 **3**日 🖥

ピーマンが苦手でも
食べられちゃう味付け

● 材料（大人2＋子ども1）×2食分

ピーマン…5個（150g）
玉ねぎ…1/2個（100g）
にんじん…1/3本（50g）
ソーセージ…2本（40g）

A ┌ トマトケチャップ
　│　…大さじ1
　└ しょうゆ…小さじ1/2

かつお節…2.5g

● 作り方

1. ピーマンは5mm幅の細切りにし、半分の長さに切る。玉ねぎは半分の長さの薄切りにする。にんじんは3cm長さの細切りにする。ソーセージは斜め薄切りにする。
2. 耐熱ボウルにAを入れて混ぜ合わせ、1を加えて和える。ふんわりとラップをかけて電子レンジで6分加熱する。
3. かつお節を加えて全休を混ぜ合わせる。

 POINT かつお節がほどよく水分を吸うことで、べちゃっとした仕上がりになるのを防ぐことができます。

● 材料（大人2＋子ども1）×2食分

赤パプリカ… 1個（150g）

黄パプリカ… 1個（150g）

A
砂糖…小さじ1
オイスターソース…小さじ2
酢…小さじ2
ごま油…小さじ2

● 作り方

1. パプリカは1/3の長さの細切りにする。

2. 耐熱ボウルに**1**と**A**を入れてひと混ぜし、ふんわりとラップをかけて電子レンジで6分加熱する。

パプリカ中華マリネ

冷蔵 **3**日

彩り野菜で
献立が華やかに！

POINT
子どもの苦手なマリネの酸味を、パプリカと砂糖の甘味でやわらげます。

COLUMN **3**

市販品を活用すべし！

疲れて帰ってきて料理を作る元気がない…ということ、よくありますよね。「今日は市販のお惣菜や冷凍食品に頼っちゃおう」と決めても、そんな日が続くと後ろめたさを感じたりするものですが、市販品を使うことで調理時間の短縮につながり、時間や気持ちに余裕を持つことができます。

市販品だけだと栄養バランスが気になるというときには、野菜を足してみましょう。121pでは、市販品のアレンジレシピをいくつか紹介しています。ちょっと手を加えるだけで、立派な一品にグレードアップします。

また、最近のお惣菜や冷凍食品は栄養バランスが考えられたものも多くなっています。作りおきのおかずのように、冷蔵庫にいくつか常備してあると便利です。

幼児食 お悩みQ&A ステップアップ編

幼児食に慣れてきて、食事のマナーなども気になってくるころに
よくある「困った！」を集めてみました。

Q なかなか家族全員そろって食べる時間が持てません。
夜遅くなってでも一緒に食べた方がいいでしょうか。

A 家族で食卓を囲み、楽しく過ごすことは大事にしたいところですが、そのために子ども
の食事時間が遅くなると、寝る時間も遅くなり、生活リズムが崩れてしまいます。平日
は、生活リズムを優先し、夕食の時間に帰宅している家族で食べ、週末には家族みんな
で食卓を囲むようにしましょう。

- -

Q 食事中の飲み物はお茶にするべきでしょうか？

A 食べ物を流し込んでしまったり、飲み物でお腹がいっぱいになってしまったりすること
もあるので、子どもがほしがらなければ用意しなくても構いません。口の中をきれいに
するという意味で食後にお茶や水を飲むのもよいでしょう。ジュースや牛乳はあくまで
嗜好品としておやつの位置づけで考えてあげましょう。

- -

Q 食事時間って、どのくらいが理想なのでしょうか？

A 30分程度が目安ではありますが、一生懸命に食べているのであれば、できるだけ子ど
もが食べ終わるまで待ってあげたいところです。しかしダラダラと食事に集中できてい
ない様子が見られるのであれば、時間を決めて切り上げましょう。時計を見ながら「○
○までね」と時間を目で見て分かるようにしてあげると効果的です。

- -

Q 夕食の準備中に「お腹が空いた」といわれて
お菓子をあげてしまい、夕食を残すということがあります…。

A お菓子は子どもの胃だと意外と満腹になってしまうものです。夕食前には、小さなおに
ぎりやさつまいも、パンなどを少しだけあげるのがいいでしょう。先にできている夕食
のおかずを味見してもらうのもおすすめです。「どんな味がする？」などと質問をする
ことでそのあとの夕食への興味がぐっと増すことがありますよ。

- -

Q 大人の食べているものをほしがります。
いつから同じものを食べられるようになりますか？

A 消化器官が未熟な就学前までは子ども用の味付けにしましょう。食材の硬さや味付けは
成長に合わせるようにします。幼児食は薄味が基本ですが、小学生以降でも薄味を続け
ていくと、将来の健康のためにもよいでしょう。本書で紹介しているレシピは、薄味と
いってもちゃんと満足感のあるメニューばかりなのでおすすめです。

不動の
人気おかずと
いえばコレ！

おこさま唐揚げ ポリ袋

● 材料（大人 2 ＋子ども 1）

鶏もも肉…1 枚（300g）

A ┌ しょうが（すりおろし）…小さじ1/2
　├ 酒…小さじ2
　└ しょうゆ…小さじ2

片栗粉…大さじ3
揚げ油…適量
ブロッコリー、ミニトマト…適宜

● 作り方

［下ごしらえ］鶏もも肉は皮を取り除き、3〜4cm角に切る。
ポリ袋に入れて A を加えて揉みこみ、30分以上おく。

1. キッチンペーパーで鶏肉の漬け汁をよくふき取り、
片栗粉をまぶす。

2. 鍋に2cmほど油を入れて180℃に温める。1 を入れ
てこんがりと焼き色が付くまで 4〜5 分ほど揚げ焼
きにする。

 POINT 漬け汁をよくふき取ることで、カラッと揚がります。

麻婆豆腐

野菜もたっぷり
食べられる！

● 材料（大人 2 ＋子ども 1 ）

絹ごし豆腐…300g

A
┌ 豚ひき肉…150g
│ にんにく・しょうが（すり
│ 　おろし）…各小さじ1/2
│ 長ねぎ（みじん切り）
│ 　…１本分（100g）
│ にんじん（みじん切り）
└ 　…1/3本分（50g）

B
┌ 砂糖…小さじ 1
│ しょうゆ…小さじ 1
└ みそ…小さじ 2
ごま油…大さじ1/2
だし汁…150ml
水溶き片栗粉
　（片栗粉…大さじ1/2
　水…大さじ 1 ）

● 作り方

1. 豆腐は2cm角に切り、キッチンペーパーを敷いた皿やバットなどに広げて水気を切っておく。

2. フライパンに油を入れて中火にかけ、Aを加えて 5 分ほど炒める。

3. 全体に火が通ったら合わせたBを加えてひと混ぜし、だし汁と豆腐を加える。煮立ったら弱火にし、水溶き片栗粉を加えてとろみがつくまで 2 分ほど煮る。

POINT　大人はお好みで、豆板醤やラー油などを足しても！

辛くない回鍋肉

ついつい
ごはんがススム
中華おかず

● 材料（大人 2 ＋子ども 1 ）

豚肩ロース肉（薄切り）…250g
塩・こしょう…少々
片栗粉…大さじ1/2
キャベツ…1/6個（200g）
ピーマン… 2 個（60g）
ごま油…大さじ1/2
水…大さじ 1

A
┌ 砂糖…小さじ 1
│ オイスターソース
│ 　…小さじ 1
│ 酒…小さじ 2
└ みそ…小さじ 2

● 作り方

1. 豚肉は3cm長さに切り、塩・こしょうをふって片栗粉をまぶす。キャベツは4cm角のざく切りに、ピーマンは 3 cm角の乱切りにする。

2. フライパンに油を入れて中火にかけ、野菜を炒める。全体に油がまわったら水を加えて蓋をし、弱火で 5 分蒸し焼きにする。

3. 豚肉を加えて水気を飛ばしながら炒め、肉に火が通ったら合わせたAを加えて炒め合わせる。

POINT　肉に片栗粉をまぶすことで、大きめに切った野菜と絡みやすくしています。

●材料（大人2＋子ども1）

豚肩ロース肉（薄切り）
　…250g
塩・こしょう…少々
玉ねぎ…1/2個（100g）
キャベツ…1枚（100g）

サラダ油…大さじ1/2
A ┌ しょうが（すり
　│　おろし）…小さじ1
　│ みりん・しょうゆ・酒
　└　…各小さじ2

●作り方

1. 豚肉は3〜4cm長さに切り、塩・こしょうをふる。玉ねぎは半分の長さの薄切りにする。キャベツはせん切りにする。

2. フライパンに油を入れて中火にかけ、玉ねぎを加えて3分ほど炒める。しんなりとしてきたら豚肉を加えて炒める。

3. 全体に火が通ったらAを加えて炒め合わせ、空いたところにキャベツを加えて調味料を絡めるようにさっと炒める。

POINT
しっかりとキャベツに調味料を絡めるので、生のキャベツよりも、おいしく食べることができます。

味しみキャベツのしょうが焼き

キャベツがもりもり
食べられる

●材料（大人2＋子ども1）

牛こま切れ肉…250g
長ねぎ…1本（100g）
えのきたけ…小1/2袋（50g）
しいたけ…3枚（45g）
しらたき（アク抜き
　不要のもの）…100g

サラダ油…大さじ1/2
A ┌ 砂糖…大さじ1/2
　│ みりん…大さじ1
　│ しょうゆ…大さじ1
　└ だし汁…150ml

●作り方

1. 長ねぎは縦半分に切り、斜め薄切りにする。えのきたけは3等分の長さに切る。しいたけは半分の長さの薄切りにする。しらたきは食べやすい長さに切る。

2. 鍋に油を入れて中火にかけ、長ねぎとえのきたけ、しいたけを加えて3分ほど炒める。牛肉を加えて炒める。

3. 肉に火が通ったら、しらたきとAを加えて、煮立ったら弱めの中火にして6分ほど煮る。

つゆ旨肉きのこ

肉豆腐の
きのこ版！

POINT
肉豆腐のアレンジ！　豆腐の代わりにうま味がたっぷりなきのこを使います。

鮭ポテブロッコリー

● 材料（大人2＋子ども1）

生鮭…3切れ（240g）	オリーブ油…大さじ1
塩・こしょう…少々	A┌マヨネーズ…大さじ2
薄力粉…大さじ1/2	├トマトケチャップ
じゃがいも…1個（150g）	└　…大さじ2
ブロッコリー…1/3個（80g）	

● 作り方

1. 鮭はさっと洗い水気をよくふき取り、4〜5等分に切る。塩・こしょうをふり薄力粉をまぶす。じゃがいもは3cm角に切り、耐熱ボウルに入れてふんわりとラップをかけて電子レンジで3分加熱する。ブロッコリーは小房に分ける。
2. フライパンに油を入れて中火にかけ、鮭を焼く。片面に焼き色が付いたら裏返し、ブロッコリーを加えて蓋をして3分ほど蒸し焼きにする。
3. じゃがいもとAを加えて全体を炒め合わせる。

ごろごろとした
具材で食べ応えUP

POINT じゃがいもを電子レンジで加熱することで、炒め時間が短くてOK！

白身魚ときのこの
アクアパッツァ

● 材料（大人2＋子ども1）

たら…3切れ（240g）	こしょう…少々
しめじ…小1/2袋（50g）	A┌酒…大さじ1
ミニトマト…5個	├オリーブ油
塩…小さじ1/4	└　…大さじ1/2

● 作り方

1. しめじはほぐす。ミニトマトは半分に切る。
2. 耐熱皿にしめじを入れてその上にたらとトマトを並べる。塩・こしょうをまんべんなくふり、Aをまわしかける。ふんわりとラップをかけて電子レンジで5分加熱する。

   ※たらは、子ども分には2/3切れ分を取り分ける。

レンジで
おしゃれイタリアンが
できちゃう！

POINT ミニトマトの皮が気になる場合は、子どもの分は取ってあげても。

●材料（大人2＋子ども1）

あじ（3枚おろし）…3尾分

A ┌ 薄力粉…大さじ3
　 └ 水…大さじ2と1/2

パン粉…適量

揚げ油…適量

●作り方

1. ボウルにAを混ぜ合わせ、バットや皿にパン粉を広げておく。

2. あじにAを絡めて、パン粉をまぶす。

3. 鍋に2cmほど油を入れて180℃に温める。2を入れてこんがりと両面に焼き色が付くまで3～4分ほど揚げ焼きにする。

　※子ども分は半身分（1切れ）を、食べやすい大きさに切り分ける。

卵いらずのあじフライ

卵不使用でも
衣サクサク♪

●材料（作りやすい分量）

さば…半身2枚（300g）

A ┌ しょうが（すりおろし）
　 │ …小さじ1/2
　 │ 砂糖・酒・みりん・
　 └ みそ…各大さじ1

水溶き片栗粉（片栗粉…小さじ1　水…小さじ2）

●作り方

1. さばは血合いを取り除くように洗い、水気をふき取り、それぞれ6等分に切る。

2. 耐熱皿にAを入れてよく混ぜ合わせ、さばの皮目を下にして入れ、ふんわりとラップをかけて電子レンジで3分加熱する。

3. さばを裏返してよく混ぜ合わせた水溶き片栗粉を加えて混ぜ、同様に2分加熱する。

　※子ども分はタレをぬぐい、大人分はタレをかけて。

さばのみそ煮

さばとタレを入れて
レンチンするだけ！

POINT
さばの背と腹の間にある赤黒い部分（血合い）を洗い流すことで、子どもが苦手な青魚の臭みが取れます。

豚肉と小松菜の ふんわり卵炒め

同時炒めで
パパッとできる！

● 材料（大人2＋子ども1）

豚肩ロース肉（薄切り）…150g
小松菜…1袋（200g）
卵…2個
塩・こしょう…少々
ごま油…大さじ1/2

A
　砂糖…小さじ1
　オイスターソース
　　…小さじ1
　しょうゆ…小さじ1

● 作り方

1. 小松菜は茎は2cm長さに切り、葉は縦横に包丁を入れて2～3cm角のざく切りにする。豚肉は3～4cm長さに切る。卵は塩・こしょうを加えて溶きほぐす。

2. フライパンに油を入れて中火にかけ、豚肉と小松菜を加えて3分ほど炒める。

3. 全体に火が通ったら合わせたAを加えてさっと炒め合わせる。フライパンの端に寄せ、空いたところに溶き卵を流し入れる。

4. 大きくかき混ぜながら卵に火が通るまで炒めて、全体を混ぜ合わせる。

豚こま団子の 揚げない酢豚
ポリ袋

団子状で
子どもでも
噛み切りやすい

● 材料（大人2＋子ども1）

豚こま切れ肉…250g
A
　塩・こしょう…少々
　酒…大さじ1
玉ねぎ…1/2個（100g）
ピーマン…2個（60g）
にんじん…1/5本（30g）

サラダ油…大さじ1
片栗粉…大さじ1
B
　砂糖・しょうゆ
　　…各大さじ1/2
　酢・トマトケチャップ
　　…各大さじ1

● 作り方

[下ごしらえ] 豚肉はポリ袋に入れてAを加えて揉みこみ、10分以上おく。

1. 玉ねぎとピーマンは2cm角に切る。にんじんは5mm幅のいちょう切りにする。

2. フライパンに片栗粉を広げておく。豚肉を15等分にして団子状に丸めてフライパンに入れて転がし、片栗粉をまぶす。

3. フライパンに油をまわし入れて中火にかけ、豚肉を転がしながら2分ほど焼く。空いたところに1を加えて3分ほど炒める。

4. 全体に火が通ったらBを加えて2分ほど炒める。

● 材料（大人 2 ＋子ども 1）

豚肩ロース肉（薄切り）
　…10枚（200g）
アスパラガス…5本（100g）
塩・こしょう…少々

A
- にんにく（すりおろし）
　…小さじ1/2
- 塩…ひとつまみ（1g）
- 酒…大さじ 1

● 作り方

1. アスパラガスは下半分をピーラーで剥き、それぞれ半分の長さに切る。
2. アスパラガスに豚肉を巻き、塩・こしょうをふっておく。
3. 耐熱皿に 2 を並べ、合わせた A をふりかける。ふんわりとラップをかけて電子レンジで 4 分30秒加熱する。

 POINT
アスパラガスの食感が苦手なのは、皮の繊維のせいかも。しっかりとピーラーで剥くことで噛み切りやすくなります。

豚肉とアスパラの うま塩レンジ肉巻き

にんにくが
効いて止まらない
おいしさ！

● 材料（大人 2 ＋子ども 1）

鶏もも肉…1枚（300g）
塩・こしょう…少々
さつまいも…1本（200g）
しめじ…小1/2袋（50g）

マヨネーズ…大さじ 1
A
- みりん…大さじ1/2
- みそ…大さじ 1

● 作り方

1. さつまいもは2cm角程度に切り、さっと水にさらして水気を切り、耐熱ボウルに入れてふんわりとラップをかけて電子レンジで 3 分加熱する。しめじは小房に分ける。
2. 鶏肉は皮を取り、3cm角に切って塩・こしょうをふる。
3. フライパンにマヨネーズを入れて中火にかけ、2 を焼く。片面に焼き色が付いたら裏返し、しめじを加えて蓋をして弱めの中火で 3 分ほど蒸し焼きにする。
4. 全体に火が通ったら、さつまいもと A を加えてさっと炒め合わせる。

POINT
マヨネーズを炒め油として使って、コクをプラスしています。

鶏とさつまいもの みそ照り焼き

ごろごろ具材に
照り焼きが
よく絡む！

ヤンニョム風鶏むね

 ポリ袋

辛さがないけど、大人でもおいしい！

● 材料（大人2＋子ども1）

鶏むね肉…300g

A
酒…大さじ1
片栗粉…大さじ2

ごま油…大さじ1/2

B
しょうゆ・砂糖
…各大さじ1/2
トマトケチャップ
…大さじ1

白ごま…適量

● 作り方

[下ごしらえ] 鶏肉は皮を取り除き、そぎ切りにする。ポリ袋に入れて A を加えて揉みこみ、10分以上おく。

1. フライパンに油を入れて中火にかけ、鶏肉を加える。重ならないように広げて2分ほど焼く。

2. 片面に焼き色が付いたら裏返し、蓋をして弱火で4分ほど蒸し焼きにする。

3. 合わせた B とごまを加えてさっと炒め合わせる。

POINT
鶏肉に片栗粉を揉みこむことで、硬くなりにくく、味の絡みもよくなります。辛みが欲しいときは、コチュジャンをプラスしても。

漬け込まない マーマレードチキン

 ポリ袋

漬け込まなくてもタレが絡む！

● 材料（作りやすい分量）

鶏手羽中…300g（15本）

A
マーマレードジャム…大さじ1と1/2
しょうゆ…大さじ1/2

オリーブ油…大さじ1/2

● 作り方

1. ポリ袋に手羽中と A を入れてよく揉みこむ。

2. フライパンに油を入れて中火にかけ、1 を加えてさっと焼き、蓋をして弱火で5分ほど蒸し焼きにする。

3. 全体に火が通ったら蓋を取り、中火で1〜2分焼いて炒め絡める。

POINT
保育園の給食などでも人気のマーマレードチキン。マーマレードの酸味と甘みが鶏肉とよく合い、さらに照りもつけてくれます。

● 材料（大人2＋子ども1）

牛こま切れ肉…250g
ごぼう…1本（150g）
小ねぎ…5本（25g）
サラダ油…大さじ1/2

A ┌ 砂糖…大さじ1/2
　├ みりん…大さじ1
　├ 酒…大さじ1
　├ しょうゆ…大さじ1
　└ 水…100ml
　　白ごま…適量

● 作り方

1. ごぼうは縦半分に切り、斜め薄切りにし、さっと水にさらしておく。小ねぎは3cm長さに切る。

2. フライパンに油を入れて中火にかけ、水気を切ったごぼうと牛肉を加えて3分ほど炒める。

3. 肉に火が通ったらAを加え、煮立ったら小ねぎを加えて蓋をして弱めの中火で5分ほど煮る。仕上げにごまをふる。

POINT ささがきが苦手な方は、縦半分に切ってから、斜め薄切りにすることでささがきのような形になります。

● 材料（大人2＋子ども1）直径28cmサイズ

豚ひき肉…200g
もやし（みじん切り）
　…1/2袋（100g）
にら（みじん切り）
　…1/2束（50g）

餃子の皮…24枚
ごま油…小さじ1

A ┌ 片栗粉・にんにく
　│（すりおろし）・しょうゆ・
　└ 酒・ごま油…各小さじ1

● 作り方

1. ボウルに豚肉とAを入れてよく混ぜ合わせる。にらともやしを加えてさらに混ぜる。

2. フライパンに餃子の皮を半量敷き詰め、1を広げてのせ（POINT参照）、その上に残りの皮を重ねる。

3. 2を中火にかけ、フライパンが温まったら熱湯（分量外150ml）を注ぎ、蓋をして8分ほど蒸し焼きにする。

4. 蓋を開けて水気を飛ばし、油をまわし入れて焼き色が付くまで焼く。皿にのせて裏返し、食べやすい大きさに切る。

POINT 餃子の皮は隣同士を重ねながら敷き詰め、肉ダネは均等に丸くなるようにのせましょう。

牛肉とごぼうの
しぐれ炒め煮

ごぼうはささがき
しなくてOK！

にらともやしの円盤餃子

包まない！
下茹でしない！

ごろごろひき肉となすの みそ炒め

パックからフライパンへ そのまま入れちゃう！

●材料（大人2＋子ども1）

豚ひき肉…250g
塩・こしょう…少々
なす…2本（160g）
ピーマン…2個（60g）

A
┌ 片栗粉…大さじ1/2
│ 酒…大さじ1
│ みりん…大さじ1
└ みそ…大さじ1

●作り方

1. 豚肉はパックのまま塩・こしょうをふる。なすは1cm幅の半月切りにし、水にさらしておく。ピーマンは半分の長さの細切りにする。

2. フライパンに豚肉をパックからそのまま入れて中火にかけ、ヘラなどで軽く押さえつけながら3分ほど焼く。焼き色が付いたら、ひと口大に割るようにほぐす。

3. 水気を切ったなすとピーマンを加えて5分ほど炒め、全体に火が通ったらよく混ぜ合わせたAを加えてとろみがつくまで炒め合わせる。

POINT
ひき肉をぽろぽろにせず、ひと口大の固まりにすることで、はしやフォークでも食べやすくなります。

鮭のカレームニエル

カレーの香りが おいしさを誘う！

●材料（大人2＋子ども1）

生鮭…3切れ（240g）

A
┌ 塩・こしょう…少々
└ カレー粉…小さじ1/3

薄力粉…大さじ1
バター…15g

●作り方

1. 鮭はさっと洗い水気をよくふき取り、3等分に切る。Aをふり、よく絡めたら薄力粉をまぶす。

2. フライパンにバターを入れて中火にかけ1を焼く。片面に焼き色が付いたら裏返し、2分ほど火が通るまで焼く。

POINT
ムニエルは実は簡単。薄力粉をまぶしてソテーするだけ。子どもの好きなカレー粉を加えることで香りが食欲をそそります。

たらのソテー
茹で卵いらずのタルタルソース

●材料（大人2＋子ども1）

たら…3切れ（240g）
塩・こしょう…少々
玉ねぎ（みじん切り）…1/4個（50g）
きゅうり（みじん切り）
　…1/3本（30g）

卵…1個
塩…少々
オリーブ油
　…大さじ1/2
マヨネーズ…大さじ1

●作り方

1. たらはさっと洗い、水気をよくふき取る。3等分に切り、塩・こしょうをふる。卵は塩を加えて溶きほぐしておく。

2. フライパンに油を入れて中火にかけ、たらを焼く。空いたところに玉ねぎときゅうりを加えて炒める。

3. たらの片面に焼き色が付いたら裏返し、蓋をして3分ほど蒸し焼きにする。たらに火が通ったら、たらのみ取り出しておく。

4. そのままのフライパンにマヨネーズと溶いた卵を流し入れて炒め合わせてソースを作る。3にかける。

 POINT タルタルソースは、通常は茹で卵を使いますが、今回はフライパンで卵を炒めて作ります。

ソースも同じ
フライパンで
作れる!?

ぶりとピーマンの
甘酢あん

●材料（大人2＋子ども1）

ぶり…3切れ（240g）
塩・こしょう…少々
片栗粉…大さじ1
玉ねぎ…1/2個（100g）
ピーマン…2個（60g）

ごま油…大さじ1/2
A｛砂糖・酢・しょうゆ
　…各小さじ2
　水…100ml

●作り方

1. ぶりはさっと洗い、水気をよくふき取り3等分に切る。塩・こしょうをふって片栗粉をまぶす。玉ねぎは半分の長さの薄切りにする。ピーマンは半分の長さの細切りにする。

2. フライパンに油を入れてぶりを入れて焼く。片面に焼き色が付いたら裏返し、空いたところに玉ねぎとピーマンを加えて2分ほど炒める。

3. 全体に火が通ったらAを加えて2分ほど煮る。

 POINT フライパンの空いたところでぶりと同時に野菜を炒めて、時短に！

野菜の甘酢あんが
さっぱりおいしい

めかじきとブロッコリーの蒸し照り焼き

> ひと工夫で
> めかじきの
> パサパサ回避

●材料（大人2＋子ども1）

めかじき…3切れ（240g）　赤パプリカ…1/2個（75g）
塩・こしょう…少々　サラダ油…大さじ1/2
薄力粉…大さじ1/2
ブロッコリー…1/2個（120g）　A { 砂糖…小さじ1
酒・みりん・しょうゆ…各小さじ2

●作り方

1. めかじきはさっと洗い、水気をよくふき取り、2～3cm角に切る。塩・こしょうをふって薄力粉をまぶす。ブロッコリーは小房に分ける。赤パプリカは2～3cm角の乱切りにする。
2. フライパンに油を入れて中火にかけ、**1**を入れて2分ほど焼く。かじきの片面に火が通ったら裏返し、蓋をして弱火で3分ほど蒸し焼きにする。
3. 全体に火が通ったら**A**を加えて汁気が少なくなるまで炒め絡める。

POINT
めかじきはパサつきがちですが、薄力粉をまぶして、蒸し焼きにすることで、ふっくらと仕上がります。

かつおのバタポン焼き

> バター×ポン酢は
> 相性バツグン！

●材料（大人2＋子ども1）

かつお（刺身用）…240g
長ねぎ…1本（100g）
エリンギ…1本（50g）
ポン酢しょうゆ…大さじ1
バター…10g

●作り方

1. かつおは1.5cm幅に切る。長ねぎは縦半分に切り、斜め薄切りにする。エリンギは3cm長さの短冊切りにする。
2. フライパンにバターを入れて中火にかけ、長ねぎとエリンギを加えて3分ほど炒める。
3. かつおを加えて2分ほど炒め、全体に火が通ったらポン酢しょうゆを加えてさっと炒め合わせる。

POINT
かつおは刺身用を使うことで、下処理不要で手間なく時短ができます。

● 材料（大人2＋子ども1）

さわら…3切れ（240g）

A ┌ みりん…大さじ1/2
　└ みそ…大さじ1/2

サラダ油…小さじ1

● 作り方

[下ごしらえ] さわらはさっと洗い水気をよくふき取り、ポリ袋に入れてAを漬けて一晩（1時間以上）おく。

1. フライパンに油を加えて弱火にかけ、さわらを漬けダレごと加えて3分ほど焼く。

2. 裏返し、蓋をして3分ほど蒸し焼きにする。食べやすい大きさに切り分ける。

さわらの西京焼き ポリ袋

焦げずに
ふわっと仕上がる！

POINT 弱火で焼くことで、ふわっと焼きあがります。さらに漬けダレが少ないので、焦げにくくなります。

● 材料（大人2＋子ども1）

豚肩ロース肉（薄切り）…100g
大豆水煮…150g
じゃがいも…1個（150g）
にんじん…1/3本（50g）

A ┌ 塩…小さじ1/4
　│ 砂糖…小さじ1/2
　│ トマトケチャップ
　└ …大さじ2

● 作り方

1. じゃがいもとにんじんは1cm角に切る。豚肉は1cm幅に切る。

2. 耐熱ボウルにじゃがいもとにんじんを入れてふんわりとラップをかけて電子レンジで4分加熱する。

3. 水気があれば切り、豚肉、大豆水煮、Aを加えてひと混ぜし、ふんわりとラップをかけて電子レンジで6分加熱する。

4. 肉をほぐすようにして、全体を混ぜ合わせる。

レンジポークビーンズ

レンジ加熱だけなのに
やわらかく仕上がる！

POINT 電子レンジのみの調理は加熱ムラが出るので、加熱のたびにひと混ぜし、均等に熱が加わるようにしましょう。

ふんわり卵ととろとろ そぼろあんかけ

ふわ×とろの
最強バランス

● 材料（大人2 +子ども1）

豚ひき肉…100g
玉ねぎ…1/2個（100 g）
にんじん…1/3本（50g）
しいたけ…2枚（30g）

ごま油…小さじ1
卵…3個
水…大さじ1

A ┌ 砂糖・酒・しょうゆ…各小さじ1
  └ オイスターソース…小さじ2

B ┌ 片栗粉…小さじ2
  └ 水…小さじ2

● 作り方

1. 玉ねぎ、にんじん、しいたけはみじん切りにする。
2. 耐熱ボウルに1とひき肉、Aを加えてひと混ぜし、ふんわりとラップをかけて電子レンジで6分加熱する。
3. よく混ぜ合わせたBを加え、全体をよく混ぜ合わせて同様に3分加熱する。
4. ボウルに卵と水を入れてよく混ぜ合わせる。フライパンに油を入れて中火にかけ、卵液を流し入れる。大きくかき混ぜながら加熱する。
5. 器に4を盛り、3をかける。

厚揚げとトマトのピザ

罪悪感なし
ヘルシーピザ♪

● 材料（大人2 +子ども1）

厚揚げ…2枚（300g）
アスパラガス…1本（20g）
ミニトマト…5個
ツナ水煮缶…1缶（70g）
トマトケチャップ…適量
溶けるチーズ…30g

● 作り方

1. 厚揚げは斜めに2等分にし、半分の厚さに切る。アスパラガスは下半分をピーラーで剥き、斜め薄切りにする。ミニトマトは横3〜4等分に切る。
2. フライパンに厚揚げを並べる。厚揚げの上にケチャップを薄く塗り、ツナ、アスパラガス、ミニトマトをのせて溶けるチーズをかける。
3. 弱めの中火にかけて蓋をし、6分ほどチーズが溶けるまで蒸し焼きにする。

POINT
見た目はまるでピザ。仕上がりはヘルシーですが、厚揚げで食べ応え十分。

● 材料（大人2＋子ども1）

切り干し大根…10g
さつまいも…1/2本（100g）
小ねぎ…2本（10g）
だし汁…500ml
みそ…小さじ4

● 作り方

1. 切り干し大根は10秒ほど揉み洗いをして食べやすい長さに切る。さつまいもは皮つきのまま1cm幅のいちょう切りにして水にさらす。小ねぎは小口切りにする。

2. 鍋にだし汁と切り干し大根、さつまいもを入れて中火にかけ、煮立ったら小ねぎを加えて弱火で5分ほど煮る。

3. みそを溶かし入れる。

   ※子ども分の取り分け方は、56p参照。

POINT
切り干し大根は栄養もうま味もぎゅっと凝縮されているので、みそ汁の具にもおすすめです。

切り干し大根と さつまいものみそ汁

ほくほくと
シャキシャキの
食感が楽しい

● 材料（大人2＋子ども1）

厚揚げ…1枚（150g）
ブロッコリー…小8房（80g）
にんじん…1/5本（30g）
バター…10g
だし汁…500ml
みそ…小さじ4

● 作り方

1. 厚揚げは2cm角に切る。にんじんは4cm長さの短冊切りにする。

2. 鍋にバターを入れて中火にかけ、1を加えてさっと炒める。

3. ブロッコリーとだし汁を加えて煮立ったら弱火にして5分ほど煮る。

4. みそを溶かし入れる。

   ※子ども分の取り分け方は、56p参照。

POINT
ボリュームのあるみそ汁は、混ぜごはんなどと合わせて2品の献立にしても。

厚揚げとブロッコリーの バターみそ汁

バターの風味で
具材も
パクパク！

甘旨ミネストローネ

煮込まなくて
OK！

● 材料 (大人 2 ＋子ども 1)

じゃがいも…1個 (150g)
玉ねぎ…1/2個 (100g)
キャベツ…1枚 (50g)
ソーセージ…2本 (40g)
オリーブ油…小さじ 1

A｜ 水…500ml
　　トマトペースト
　　　…大さじ 1 (18g)
　　洋風スープの素 (顆粒)
　　　…小さじ 1
　　砂糖…小さじ1/2
　　塩…少々

● 作り方

1. キャベツ、じゃがいも、玉ねぎは1cm角に切る。ソーセージは5mm幅の小口切りにする。

2. 鍋に油を入れて中火にかけ、じゃがいもと玉ねぎ、ソーセージを加えてさっと炒める。

3. 全体に油がまわったらキャベツとAを加える。煮立ったら弱めの中火で8分煮る。大人分は塩を加えて味を調える。

POINT トマトペーストは、トマトのみを濃縮したペースト。調味料が入っていないので、子どもの食事におすすめです。

ブレンダーいらずの かぼちゃポタージュ

やわらかく煮て
潰すだけ！

● 材料 (大人 2 ＋子ども 1)

かぼちゃ…1/8個 (正味200g)
玉ねぎ…1/2個 (100g)
バター…10g

A｜ 水…200ml
　　洋風スープの素
　　　(顆粒)…小さじ 1
　　牛乳…200ml
　　塩…少々

● 作り方

1. かぼちゃは皮を少し残して取り除き、1cm幅の薄切りにする。玉ねぎは2cm長さの薄切りにする。

2. 鍋にバターを入れて中火にかけ、1を加えて3分ほど炒める。

3. Aを加えて蓋をし、弱めの中火で8分ほど煮る。

4. かぼちゃがやわらかくなったらフォークなどで潰し、牛乳を加えて温める。大人分は塩を加えて味を調える。

POINT かぼちゃの皮にも栄養が含まれているので食べたいところです。苦手な場合は取り除いてください。まずはおいしく食べられることを優先にして。

● 材料（大人 2 ＋子ども 1）

キャベツ…2 枚（100g）
もやし…1/2袋（100g）
えのきたけ…小1/2袋（50g）
かに風味かまぼこ…30g

A ┌ 水…500ml
  │ 鶏ガラスープの素
  │ （顆粒）…小さじ 1
  └ しょうゆ…小さじ 1

● 作り方

1. キャベツは4cm長さの細切りにする。もやしは食べやすい長さにする（26pPOINT参照）。えのきたけは半分の長さに切りほぐす。

2. 鍋に A を入れて中火にかけ、煮立ったら 1 とかにかまをほぐし入れ、弱火にして 5 分ほど煮る。

3. しょうゆを加えて味を調える。

　※子ども分の取り分け方は、56p参照。

POINT

たくさん食べる子の場合、食べすぎが気になるところ。そんなときには、具だくさんにしたり、よく噛んで食べるものにしてみましょう。

かにかまとキャベツの中華スープ

具だくさんだけど
ヘルシースープ

● 材料（大人 2 ＋子ども 1）

生鮭…3 切れ（240g）
塩・こしょう…少々
しめじ・まいたけ…合わせて100g
玉ねぎ…1/2個（100g）
コーン（茹でたものまたは缶）
　…50g

サラダ油…大さじ 1
薄力粉…大さじ 1
だし汁…200ml
牛乳…100ml
みそ…大さじ 1

● 作り方

1. 鮭はさっと洗い水気をふき取り、4 〜 5 等分に切り塩・こしょうをふる。きのこは食べやすい大きさにほぐす。玉ねぎは半分の長さの2cm幅のくし形切りにする。

2. フライパンに油を入れて中火にかけ、1 を加える。野菜は炒め、鮭は片面に焼き色が付いたら裏返す。

3. コーン、薄力粉をふり入れて、粉っぽさがなくなるまで全体をやさしく炒め合わせたらだし汁を加える。

4. 煮立ったら弱火にして蓋をして 5 分ほど煮る。牛乳とみそを溶け入れて味を調える。

鮭ときのこのみそクリーム煮

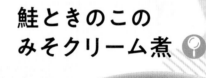

みそでコクを
さらにプラス♪

なんちゃって キムチ鍋

大人だけキムチを
追加してキムチ鍋に！

●材料（大人2＋子ども1）

豚肩ロース肉（しゃぶしゃぶ用）　絹ごし豆腐…150g
　…200g
白菜…1/8個（250g）
長ねぎ…1本（100g）
えのきたけ
　…小1袋（100g）
にら…1/2束（50g）

A ┌ 水…600ml
　│ 鶏ガラスープの素
　│ 　（顆粒）
　│ 　…大さじ1/2
　└ みそ…大さじ2
キムチ…適量

●作り方

1. 白菜はざく切りにする。長ねぎは斜め薄切りにする。にらは4cm長さに切る。えのきたけは半分の長さに切りほぐす。豆腐は食べやすい大きさに切る。

2. 鍋にAと白菜の芯、長ねぎを入れて中火にかけ、煮立ったら残りの食材を加えて煮る。

3. 全体に火が通ったら取り分ける。大人分は取り分けたあとにお好みでキムチを加える。

POINT
野菜は、お好みのものでもおいしく食べられます。

鶏手羽元とかぶのポトフ

調理時間15分でも
くたくたに！

●材料（大人2＋子ども1）

鶏手羽元…8本
塩・こしょう…少々
かぶ…2個（160g）
ブロッコリー…1/3個（80g）

オリーブ油…小さじ1
A ┌ 水…500ml
　│ 洋風スープの素
　└ 　（顆粒）…小さじ1/2
塩…小さじ1/3

●作り方

1. 手羽元は骨に沿って切り込みを入れ、塩・こしょうをふっておく。かぶは2cm幅のくし形切りにする。ブロッコリーは小房に分ける。

2. 鍋に油を入れて中火にかけ、手羽元を焼く。表面に焼き色が付いたらかぶを加えてさっと炒め合わせる。

3. 全体に油がまわったらAを加えて煮立ったら弱めの中火で5分ほど煮る。ブロッコリーを加えてさらに3分ほど煮る。

4. 塩を加えて味を調える。

※子ども分の取り分け方は、56p参照。

POINT
手羽元は食べにくいので、子どもにはほぐして取り分けても。もちろん、そのままかじりついてもOK。

● 材料（大人 2 ＋子ども 1）

豚ひき肉…200g
もやし…1 袋（200g）
チンゲンサイ…1 株（100g）
にんじん…1/3本（50g）
餃子（またはワンタン）の皮
　…10枚

ごま油…小さじ 1
水…600ml
A{ 鶏ガラスープの素
　（顆粒）…大さじ1/2
　しょうゆ…小さじ 1
塩…小さじ1/4

ぺらぺらワンタン風鍋

包まない
ラクチン
ワンタン♪

● 作り方

1. チンゲンサイは茎は3cm長さの細切りにする。葉は縦横に包丁を入れてざく切りにする。にんじんは4cm長さの短冊切りにする。もやしは食べやすい長さにする（26pPOINT参照）。餃子の皮は2cm幅に切る。

2. 鍋に油とひき肉を入れて中火にかけ、ほぐすように炒める。肉に火が通ったら1の野菜とAを加える。

3. 煮立ったら弱めの中火で全体に火が通るまで煮る。

4. 餃子の皮を1枚ずつ加えてさっと煮る。大人は塩を加えて味を調える。

　※子ども分の取り分け方は、56p参照。

POINT 大人はお好みでラー油をかけるのもおすすめ。

● 材料（大人 2 ＋子ども 1）

A{ 鶏ひき肉（もも）…150g
　木綿豆腐…100g
　片栗粉…大さじ 2
　青のり…小さじ1/2
　塩・こしょう…少々

にんじん…1/5本（30g）
白菜…2 枚（200g）
B{ 水…500ml
　鶏ガラスープの素
　（顆粒）…小さじ 1
しょうゆ…小さじ 1

ふんわりお豆腐鶏団子スープ ポリ袋

● 作り方

1. にんじんは4cm長さの短冊切りにする。白菜は芯は1cm幅に切り、葉は2～3cm角のざく切りにする。豆腐はキッチンペーパーで包み、軽く押して水気を切る。

2. ポリ袋にAを入れてよく混ぜ合わせる。

3. 鍋にBとにんじん、白菜を加えて中火にかけ、煮立ったら2をひと口大にして落とし入れる。

4. 3分ほど全体に火が通るまで煮たら、しょうゆを加えて味を調える。

　※子ども分の取り分け方は、56p参照。

POINT 肉ダネに豆腐を加えると、ふわふわな仕上がりに。さらに片栗粉を入れているので、つるんとした食感になります。

青のりの風味の
つるふわ団子

上の子と下の子のどちらに、味付けや形状を合わせるべき？

子どもが2人以上いる場合、食材の大きさは上の子に合わせ、味付けは下の子に合わせるのが簡単です。

調理したあとに、下の子用に食材をキッチンバサミなどで小さく切ってあげればOK。

味付けは足すことは簡単ですが、減らすことは難しいです。本書の1歳半〜2歳向けのレシピの味付けは3歳〜5歳のお子さんが食べても問題ありません。

下の子の分だけ分けて作るより、家族みんなの分を同時に作りましょう。味に物足りなさを感じる人だけ、あとから少し味を足してください。

外食のキッズメニューはいつから？

何歳からという決まりはありませんが、幼児食にも慣れてきた3歳以降からは、外食のキッズメニューを食べてもいいでしょう。

キッズメニューは小学生まで食べることができるので、分量が多かったり、大人と同じ味付けのことも多いです。食べられる分量は個人差があるので、メニューを見てから決めるようにしましょう。ハンバーグやパスタなどのソースは少し取って減らすことで気になる塩分を抑えることができます。外食のキッズメニューは、野菜が少なめのことが多いです。その際には、大人は定食などにして、子どもでも食べられそうな小鉢などを追加してあげてもいいでしょう。

鮭の
ちゃんちゃん焼き
釜めし 冷凍 6日 炊飯器

おかずも兼ねた
具だくさんごはん！

●材料（作りやすい分量）

米…2合
生鮭…3切れ
キャベツ…4枚（200g）
玉ねぎ…1/2個（100g）
酒…大さじ1
A ┌ みそ…大さじ2
  └ みりん…大さじ2

●作り方

[下ごしらえ] 米は洗い、炊飯釜で少なめの水（2合の目
盛りから大さじ4分減らす）を入れて30分以上浸水さ
せておく。

1. 鮭はさっと洗い、水気をよくふき取っておく。キャ
   ベツは2〜3cm角のざく切り、玉ねぎは半分の長さ
   の2cm幅のくし形切りにする。

2. 炊飯釜に酒を加えてひと混ぜしてキャベツ、玉ねぎ、
   鮭の順にのせ、通常通り炊飯する。

3. 炊き上がったら鮭の皮と骨を取り除き、合わせた A
   を半量加えて混ぜ合わせて5分ほど蒸らす。

4. 子ども分を盛りつけ、大人分は残りの A を加えて混
   ぜ合わせる。

ホロホロカオマンガイ `炊飯器`

> ごはんにも鶏の
> うま味がしみこむ

● 材料（作りやすい分量）

米…2合
鶏もも肉…大1枚（400g）
　A
　┌ 塩…小さじ1/4
　│ こしょう…少々
　│ しょうが（すりおろし）
　└ …小さじ1/2

酒…大さじ1
長ねぎ…1本（100g）
　B
　┌ すりごま…大さじ1
　│ 砂糖…大さじ1/2
　│ しょうゆ…大さじ1
　│ 酢…大さじ1
　└ ごま油…大さじ1/2

● 作り方

[下ごしらえ] 米は洗い、炊飯釜で少なめの水（2合の目盛りから大さじ4分減らす）を入れて30分以上浸水させておく。

1. 鶏肉は皮を剥ぎ、A を揉みこんでおく。長ねぎは縦半分に切り、斜め薄切りにする。
2. 炊飯釜に酒を加えてひと混ぜし、1 の鶏肉と長ねぎをのせて通常通り炊飯する。
3. 炊き上がったら、鶏肉と長ねぎを取り出し、鶏肉を食べやすい大きさにほぐす。
4. 器にごはん、鶏肉と長ねぎを盛りつけ、混ぜ合わせた B をかける。

　※子ども分は B を小さじ2程度をかける。

さば缶とれんこんの
カレーパエリア `冷凍 6日` `炊飯器`

> パエリアも
> 炊飯器で作れる！

● 材料（作りやすい分量）

米…2合
さば水煮缶…1缶（190g）
れんこん…1節（100g）
コーン（茹でたものまたは缶）…60g
　A
　┌ カレー粉…小さじ1
　│ にんにく（すりおろし）…小さじ1/2
　└ トマトケチャップ…大さじ2

● 作り方

[下ごしらえ] 米は洗い、炊飯釜で2合より少なめの水を入れて30分以上浸水させておく。

1. れんこんは5mm幅のいちょう切りにする。
2. 炊飯釜にさば缶の煮汁と A を入れてひと混ぜし、足りないようなら2合の目盛りまで水を加える。
3. れんことコーン、さばの身をほぐしてのせ、通常通り炊飯する。

POINT さば缶の汁も一緒に使うことで、さばのうま味がさらにプラスされおいしく仕上がります。

● 材料（作りやすい分量）

鶏ひき肉（もも）…100g
大豆水煮…100g
にんじん…1/3本（50g）
しいたけ…2枚（30g）
ひじき（乾）…5g
サラダ油…大さじ1/2

A{
砂糖…大さじ1/2
みりん…大さじ1
しょうゆ…大さじ1
}
ごはん…2合分

五目混ぜ込みごはん

冷凍 6日

具だくさんで
お腹も満足♪

● 作り方

[下ごしらえ] ひじきはさっと洗い、袋の表記通りに戻し水気を切っておく。

1. にんじんは3cm長さの細切りにする。しいたけは半分の長さの薄切りにする。

2. 鍋に油を入れて中火にかけ、1とひじきを加えて3分ほど炒める。

3. ひき肉を加え、肉に火が通ったら大豆とAを加えて5分ほど煮る。

4. ごはんに混ぜ合わせる。

● 材料（大人2＋子ども1）

牛こま切れ肉…250g
塩・こしょう…少々
もやし…1/2袋（100g）
ほうれん草…1/2袋（100g）
にんじん…1/3本（50g）
ごま油…大さじ1/2

A{
砂糖…小さじ1/2
鶏ガラスープの素
（顆粒）…小さじ1
しょうゆ…小さじ1/2
}
白ごま…適量
ごはん…茶わん3杯分

スタミナ満点
ビビンバごはん

ほうれん草の
アク抜きも
レンジでOK

● 作り方

1. 牛肉は塩・こしょうをふる。もやしは食べやすい長さにする（26pPOINT参照）。にんじんは3cm長さの細切りにする。ほうれん草は茎は3cm長さに切り、葉は縦横に包丁を入れてざく切りにする。

2. 耐熱ボウルににんじん、もやし、ほうれん草を入れてふんわりとラップをかけて電子レンジで5分加熱する。さっと洗い水気をよく絞る。

3. フライパンに油を入れて中火にかけ、牛肉を焼く。肉に火が通ったら2とAを加えて、さっと炒め合わせる。

4. 器にごはんを盛り、3をのせてごまをふる。

※大人はお好みでコチュジャンを添える。

小松菜としらすの混ぜごはん

冷凍 6日

● 材料（作りやすい分量）

小松菜…1袋（200g）

しらす干し…50g

ごま油…小さじ2

A

みりん…小さじ2

しょうゆ…小さじ2

白ごま…適量

ごはん…2合分

● 作り方

1. 小松菜は茎は1cm幅に切り、葉は縦横に包丁を入れて粗みじん切りにする。

2. フライパンに油を入れて中火にかけ、しらす干しと小松菜を加えて3分ほど炒める。

3. 全体に火が通ったら A を加えて炒め合わせる。

4. ごはんに混ぜ合わせる。

カルシウムの補給ができちゃう！

なすたっぷりクイックドライカレー

冷凍 6日

● 材料（大人2＋子ども1）

豚ひき肉…250g

なす…3本（240g）

玉ねぎ…1/2個（100g）

オリーブ油…大さじ1

A

にんにく（すりおろし）…小さじ1/2

みそ…小さじ2

カレー粉…大さじ1/2

トマトケチャップ…大さじ2

ごはん…茶わん3杯分

● 作り方

1. なすは1cm幅の半月切りにし、水にさらしておく（39pPOINT参照）。玉ねぎはみじん切りにする。

2. フライパンに油を入れて中火にかけ、ひき肉と玉ねぎ、水気を切ったなすを加えて5分ほど炒める。

3. 全体に火が通ったら A を加えて炒め合わせる。

4. 器にごはんを盛り、3 をかける。

野菜不足のときはカレーにおまかせ！

具だくさん中華丼 🥄

とろみをつけて
食べやすく！

● 材料 (大人2＋子ども1)

豚肩ロース肉 (薄切り) …200g
白菜…小1/8個 (200g)
長ねぎ…1/2本 (50g)
にんじん…1/3本 (50g)
うずらの卵 (茹でたもの) …5個
ごま油…大さじ1/2

A
　┌ 鶏ガラスープの素 (顆粒) …小さじ1/2
　│ 砂糖…小さじ1
　│ しょうが (すりおろし) …小さじ1/2
　│ 片栗粉…大さじ1
　│ しょうゆ…大さじ1/2
　└ 水…200ml
ごはん…茶わん3杯分

● 作り方

1. 豚肉は2～3cm長さに切る。白菜は芯は1cm幅に切り、葉は縦横に包丁を入れてざく切りにする。長ねぎは縦半分に切り、斜め薄切りにする。にんじんは3cm長さの短冊切りにする。

2. フライパンに油を入れて中火にかけ、1の野菜を加えて3分ほど炒める。

3. 全体に火が通ったら豚肉を加えて炒め、肉に火が通ったらよく混ぜ合わせたAとうずらの卵を加えて、とろみがつくまで2分ほど煮る。

4. 器に盛ったごはんにかけ、うずらの卵はキッチンバサミなどで4等分に切る。

シーフードミックスの炊き込みピラフ

`冷凍 6日` `炊飯器`

冷凍食品を活用して
簡単ピラフ♪

● 材料（作りやすい分量）

米…2合
シーフードミックス…150g
ミックスベジタブル…100g
A ┌ 酒…大さじ2
　└ 塩…小さじ1/3

● 作り方

[下ごしらえ] シーフードミックスは表面の氷を取り除くように流水解凍する。米は洗い、炊飯釜で少し少なめの水（2合の目盛りから大さじ3分減らす）を入れて30分以上浸水させておく。

1. 炊飯釜にAを入れてひと混ぜして、ミックスベジタブルと水気をふき取ったシーフードミックスをのせて、通常通り炊飯する。

POINT
☞ シーフードミックスは表面の氷を取り除くようにします。氷が残ったままだと生臭さが残ることがあります。

ハヤシライス

ハヤシソースも
手作りで！

● 材料（大人2＋子ども1）

牛こま切れ肉…250g
玉ねぎ…1個（200g）
しめじ…小1袋（100g）
バター…10g
薄力粉…大さじ1と1/2
A ┌ 洋風スープの素（顆粒）…小さじ2
　│ トマトペースト…大さじ1（18g）
　│ ウスターソース…大さじ1
　└ 水…200ml
ごはん…茶わん3杯分

● 作り方

1. 玉ねぎは半分の長さの薄切りにする。しめじは小房にほぐす。
2. フライパンにバターを入れて中火にかけ、1を加えて3分ほど炒める。
3. 玉ねぎとしめじがしんなりとしたら牛肉を加えて炒め、肉に火が通ったら薄力粉をふり入れて炒める。
4. 粉っぽさがなくなったらAを加えて5分ほど煮る。
5. 器にごはんを盛り、4をかける。

うま塩オイスター焼きそば

● 材料（大人2＋子ども1）

焼きそばめん…3袋
豚肩ロース肉（薄切り）…200g
塩・こしょう…少々
キャベツ…大1/8個（200g）
にんじん…1/3本（50g）
ピーマン…2個（60g）
ごま油…大さじ1/2
酒…大さじ1

A
鶏ガラスープの素
　（顆粒）…小さじ1
オイスターソース
　…小さじ2

● 作り方

1. キャベツとにんじんは4cm長さの短冊切りにする。ピーマンは半分の長さの細切りにする。豚肉は2～3cm幅に切り、塩・こしょうをふる。めんは袋の上から揉みほぐしておく。

2. フライパンに油を入れて中火にかけ、1の野菜と豚肉を炒める。

3. 肉に火が通ったら、めんをのせて酒をまわしかけ蓋をして弱火で5分ほど蒸し焼きにする。

4. めんをほぐしながら全体を混ぜ合わせ、Aを加えて炒め合わせる。

みんな大好き
焼きそばの
味変アレンジ！

豆乳担々風つけうどん

● 材料（大人2＋子ども1）

うどん…3玉
豚ひき肉…150g
なす…2本（160g）
長ねぎ（みじん切り）
　…1/2本（50g）

A
めんつゆ（3倍濃縮）…50ml
にんにく（すりおろし）…小さじ1/2
すりごま…大さじ3
無調整豆乳…300ml

無調整豆乳（子ども分の
　汁用）…大さじ2
茹で卵…2個
ごま油…大さじ1/2

● 作り方

1. なすは1cm幅の半月切りにし、さっと水にさらしておく（39pPOINT参照）。

2. 鍋に油を入れて中火にかけ、ひき肉と長ねぎ、水気を切ったなすを加えて5分ほど炒める。

3. 全体に火が通ったらAを加えて弱火で温める。器に盛りつけ、子ども分には豆乳を足して味を調える。

4. うどんは袋の表記時間通りに茹で、ザルにあげて水気をよく切る。器に盛りつけ、半分に切った茹で卵を添える。

大人はラー油を
加えても！

「お手伝いしたい！」に応える

お手伝いをしてもらうことで、子どもの食への興味は増し、親子のコミュニケーションも増えますね。子どもから「お手伝いしたい！」といわれたときは、なるべく応えてあげたいものです。

2歳ごろは、何かと「自分でやりたい！」という気持ちが強くなるときです。ポリ袋に入れたものを揉む、ボウルに入れてかき混ぜる、しめじをほぐす、レタスをちぎるなど…包丁や火を使わずに1人でできることをお願いしてみましょう。テーブルを拭くなどの準備や片付けもできるようになります。

3歳は、手指がますます発達し、細かな動きもできるようになってきます。やわらかいものだったら包丁で切ることもできます。おにぎりをにぎったり、味見をしてもらったり、仕上げの調味をしてもらったりすると、「これは、私が作ったんだ！」という気持ちが生まれ、自信につながります。

4歳以降は、大人が見守れば火を使ったり、包丁を使ったりすることも問題ありません。慣れてくれば下ごしらえから味付けまでをすべて1人でできるようになることも。その場合でも、火や包丁を扱う場合は必ず大人が付き添うようにしましょう。

大人が作ればすぐにできることも、子どものお手伝いが入るとどうしても時間がかかってしまうものです。大人に気持ちの余裕があるとき、子どもにやる気のあるとき、お互いが気持ちよくできるといいですね。できるようになる目安のお話をしましたが、5歳だから難しいお手伝いをしなければならないということはありません。食器を運ぶ、味見をする、片付けをする…　どんなことでも立派なお手伝いです。小さなお手伝いをたくさんお願いすることで、日常的に大人も子どもも家族みんなで協力して食事の準備をすることが習慣になるはずです。

覚えておきたい！人気おかず

定番の人気おかずは、とりあえず押さえておきたいもの。
ちょっと時間はかかるけど、作れるようになると便利です。

\ 煮込むことで味がしみこむ /

肉じゃが

調理時間20分

● 材料（大人2＋子ども1）

牛こま切れ肉…250g
じゃがいも…大1個（200g）
玉ねぎ…1/2個（100g）
にんじん…1/3本（50g）
サラダ油…大さじ1/2
だし汁…200ml

A ┌ 砂糖…大さじ1/2
　├ しょうゆ…大さじ1
　└ みりん…大さじ1

● 作り方

1. じゃがいもは3～4cm角に、玉ねぎは半分の長さのくし形切りり、にんじんは2～3cm角の乱切りにする。
2. 鍋に油を入れて中火にかけ、にんじんと玉ねぎを3分ほど炒める。
3. 玉ねぎがしんなりとしてきたらじゃがいもと牛肉を加えてさっと炒め合わせる。
4. 肉に火が通ったらAとだし汁を加え、煮立ったら蓋をして8分ほど煮る。蓋を取り、弱めの中火で煮汁が少なくなるまで5分ほど煮る。

● 材料（大人2＋子ども1）

鶏もも肉…1枚（300g）
じゃがいも…大1個（200g）
玉ねぎ…1/2個（100g）
にんじん…1/3本（50g）
ブロッコリー…小8房
サラダ油…大さじ1/2

A ┌ 水…300ml
　└ 洋風スープの素（顆粒）…小さじ1

バター…30g
薄力粉…大さじ3
牛乳…200ml
塩…少々

\ ルウから手作り！ /

クリームシチュー

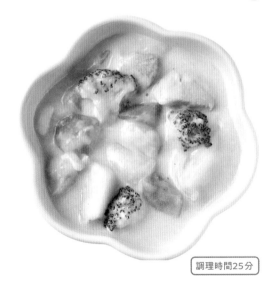

調理時間25分

● 作り方

1. 鶏もも肉は皮を取り、3cm角に切る。じゃがいもは3～4cm角、にんじんは2～3cm角の乱切りに、玉ねぎは半分の長さのくし形切りにする。
2. 耐熱ボウルにバターを入れて電子レンジで40秒ほど温めて溶かす。薄力粉を少しずつ加えて練るように混ぜ合わせてルウを作る。
3. 鍋に油を入れて中火にかけ、鶏肉とにんじん、玉ねぎを加えて3分ほど炒める。じゃがいもを加えてさっと炒め合わせ、全体に油がまわったらAを加えて蓋をして5分ほど煮る。ブロッコリーを加えてさらに3分ほど煮る。
4. 全体に火が通ったら牛乳と2を加えてルウを溶かすように全体を混ぜ合わせる。
5. とろみがついたら、塩で味を調える。

豚汁

野菜たっぷりの汁物

調理時間25分

● 材料（大人2＋子ども1）

豚肩ロース肉（薄切り）…100g
大根…3cm（100g）
にんじん…1/5本（30g）
ごぼう…1/3本（50g）
しめじ…小1/2袋（50g）
油揚げ…1/2枚
ごま油…小さじ1
だし汁…600ml
みそ…大さじ1と1/2

● 作り方

1. 豚肉は食べやすい長さに切る。大
   根は5mm幅のいちょう切り、にん
   じんは5mm幅の半月切りにする。
   ごぼうは縦半分に切り、斜め薄切
   りにしてさっと水にさらして水気
   を切る。しめじはほぐしておく。
   油揚げは縦4等分に切り、1cm幅
   の細切りにする。
2. 鍋に油を入れて中火にかけ、野菜
   としめじを加えて5分ほど炒める。
3. 豚肉と油揚げを加えて炒め、肉に
   火が通ったらだし汁を加えて10分
   ほど煮る。
4. みそを溶かし入れる。

   ※子ども分の取り分け方は、56p参照。

ピーマン肉詰め

輪切りにして食べやすい

調理時間25分

● 材料（大人2＋子ども1）

ピーマン…5個
玉ねぎ…1/2個（100g）
片栗粉…大さじ1
A ┌ 合いびき肉…250g
  │ 卵…1個
  │ 塩…小さじ1/4
  └ こしょう…少々
トマトケチャップ…適量
〈大人用ソース〉
中濃ソース…大さじ1
トマトケチャップ…大さじ1
みりん…大さじ1

● 作り方

1. ピーマンは横3等分の輪切りにす
   る。ヘタは指で押し込み取り除く。
2. 玉ねぎはみじん切りにして片栗粉
   をまぶしておく。
3. ボウルにAを入れて粘り気が出る
   までよく混ぜ合わせる。2を加え
   てさらに混ぜる。
4. 1に肉が盛り上がる程度に3を
   たっぷりと詰め、肉の面が下にな
   るようにフライパンに並べる。
5. フライパンを中火にかけ、焼き色が
   ついたら裏返して、蓋をして弱めの
   中火で8分ほど蒸し焼きにする。
6. 子ども分にはピーマンの真ん中の
   部分を盛り、トマトケチャップを
   かける。

〈大人用ソース〉

調味料を合わせて、フライパンに入れ
てさっと煮詰めて絡める。

マカロニグラタン

ダマにならない
手作りホワイトソース

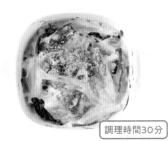

調理時間30分

● 材料（大人2＋子ども1）

生鮭…3切れ（240g）
塩・こしょう…少々
マカロニ…60g
玉ねぎ…1/2個（100g）
ほうれん草…1/2袋（100g）
バター…20g
薄力粉…大さじ2
牛乳…300ml
塩…小さじ1/4
粉チーズ…適量

● 作り方

1. マカロニは袋の表記時間通りに茹
   でてザルにあげておく。鮭は4等
   分に切り、塩・こしょうをふる。
2. 玉ねぎは半分の長さの薄切りにす
   る。ほうれん草は耐熱ボウルに入
   れてふんわりとラップをかけて電
   子レンジで1分30秒加熱する。水
   にとり、さっと洗い水気を絞る。
   茎は3cm長さに、葉は縦横に包丁
   を入れてざく切りにする。
3. フライパンにバターを入れて中火に
   かけ、鮭と玉ねぎを3分ほど焼く。
4. ほうれん草を加えてさっと炒め
   合わせ、薄力粉をふるい入れる。
   粉っぽさがなくなったら牛乳を少
   しずつ加え、マカロニを入れて軽
   くとろみがつくまで弱めの中火で
   3分ほど煮込み、塩を加えて味を
   調える。
5. 耐熱容器に盛り、粉チーズをかけ
   てオーブントースターで焼き色が
   付くまで焼く。

脱マンネリ！野菜炒めバリエーション集

毎回同じ味付けになりがちな野菜炒め。
調味料の組み合わせを覚えれば、おいしくまとまります。

〈和風〉めんつゆ×おかか

●材料（大人2＋子ども1）

豚肩ロース肉（薄切り）…250g
塩・こしょう…少々
キャベツ…1枚（100g）
玉ねぎ…1/2個（100g）
にんじん…1/3本（50g）
サラダ油…大さじ1/2
水…大さじ1

A ┌ めんつゆ
　 │ （3倍濃縮）
　 │ …小さじ2
　 └ かつお節…2.5g

●作り方

1. 豚肉は食べやすい長さに切り、塩・こしょうをふる。キャベツは3cm角のざく切り、玉ねぎは半分の長さの薄切り、にんじんは5mm幅のいちょう切りにする。
2. フライパンに油を入れて中火にかけ、1の野菜を炒める。全体に油がまわったら水を加えて蓋をし、弱火で5分ほど蒸し焼きにする。
3. 豚肉を加えて水気を飛ばしながら炒め、肉に火が通ったらAを加えて炒め合わせる。

●材料（大人2＋子ども1）

牛こま切れ肉…250g
塩・こしょう…少々
もやし…1/2袋（100g）
長ねぎ…1本（100g）
にんじん…1/3本（50g）
ごま油…大さじ1/2
水…大さじ1

A ┌ 鶏ガラスープの素（顆粒）
　 │ …小さじ1/2
　 └ オイスターソース…大さじ1/2

●作り方

1. 牛肉は塩・こしょうをふる。もやしは食べやすい長さ（26pPOINT参照）にする。長ねぎは縦半分に切り、斜め薄切りにする。にんじんは3cm長さの細切りにする。
2. フライパンに油を入れて中火にかけ、1の野菜を炒める。全体に油がまわったら水を加えて蓋をし、弱火で5分ほど蒸し焼きにする。
3. 牛肉を加えて水気を飛ばしながら炒め、肉に火が通ったらAを加えて炒め合わせる。

〈中華風〉オイスターソース×鶏ガラ

〈和風〉マヨネーズ×ポン酢しょうゆ

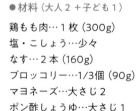

●材料（大人2＋子ども1）

鶏もも肉…1枚（300g）
塩・こしょう…少々
なす…2本（160g）
ブロッコリー…1/3個（90g）
マヨネーズ…大さじ2
ポン酢しょうゆ…大さじ1

●作り方

1. 鶏肉は皮を取って3cm角に切り、塩・こしょうをふる。なすは1cm幅の半月切りにする。ブロッコリーは小房に分けておく。
2. フライパンにマヨネーズを入れて中火にかけ、1を炒める。全体に油がまわったら蓋をし、弱火で5分ほど蒸し焼きにする。
3. 全体に火が通ったら、ポン酢しょうゆを加えて炒め合わせる。

●材料（大人2＋子ども1）

生鮭…3切れ（240g）
薄力粉…大さじ1/2
小松菜…1袋（200g）
まいたけ…小1/2袋（50g）
バター…10g
洋風スープの素（顆粒）
　…大さじ1/2

●作り方

1. 鮭は4等分に切り、薄力粉をまぶしておく。小松菜は茎は3cm長さに切り、葉は縦横に包丁を入れて2〜3cm角のざく切りにする。まいたけは食べやすい大きさにほぐす。
2. フライパンにバターを入れて中火にかけ、鮭を焼く。片面に焼き色が付いたら裏返し、小松菜とまいたけを加えてさっと炒め合わせる。
3. 全体に油がまわったら蓋をし、弱火で5分ほど蒸し焼きにする。
4. 洋風スープの素を加えて炒め合わせる。

〈洋風〉コンソメ×バター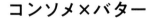

市販品を活用！リメイクごはんレシピ

市販品だけだとちょっと栄養が気になる…。
そんなときに便利なアレンジレシピです。もはや立派な一品!?

● 材料（大人2＋子ども1）

唐揚げ…6～8個（160g）
卵…2個
玉ねぎ…1/2個（100g）
にら…1/3束（30g）
にんじん…1/5本（30g）
A ┌ めんつゆ（3倍濃縮）
  │ …小さじ1
  └ 水…150ml

● 作り方

1. 玉ねぎは半分の長さの薄切りにする。にらは3cm長さに切る。にんじんは5mm幅のいちょう切りにする。唐揚げは3～4等分に切る（冷凍から揚げの場合は、電子レンジで加熱してから）。
2. 鍋にAと玉ねぎ、にんじん、から揚げを入れて中火にかける。煮立ったら蓋をして弱火で5分ほど煮る。
3. 全体に火が通ったら、にらを加え、溶きほぐした卵を入れて卵に火が通るまで煮る。

\ 野菜も追加してバランスUP /

唐揚げ卵とじ

\ クリスピーなピザに変身！ /

餃子の皮でミートボールピザ

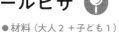

● 材料（大人2＋子ども1）

餃子の皮…12枚
チルドミートボール…1袋（10個）
玉ねぎ…1/4個（50g）
ピーマン…1個（30g）
コーン（茹でたものまたは缶）…25g
溶けるチーズ…25g

● 作り方

1. 玉ねぎは半分の長さの薄切りにする。ピーマンは半分の長さの細切りにする。ミートボールは半分に切る。
2. フライパンに餃子の皮を並べ、ミートボールのソースを塗る。1とコーンを散らしチーズをかけて蓋をして中火にかけ、5分ほど蒸し焼きにする。
3. チーズが溶けたら、蓋を開けて皮がパリッとするまで焼く。

POINT 1歳半～2歳は事前に玉ねぎとピーマンを加熱すると食べやすくなります。耐熱ボウルに入れてふんわりとラップをかけて電子レンジで1分30秒加熱します。

● 材料（作りやすい分量）

米…2合
トマトペースト…大さじ1
チルド蒸し大豆…100g
レトルトカレー…3食分

● 作り方

1. 米は洗い、炊飯釜で2合の目盛りまで水を加えて30分以上浸水させておく。
2. 1にトマトペーストを加えてひと混ぜし、通常通り炊飯する。
3. 炊き上がったら大豆を加えて混ぜ合わせる。器に盛りレトルトカレーをかける。

\ 大豆を加えて食べ応えをUP /

トマトと大豆ごはんのカレー

炊飯器

\ スクランブルエッグも加えて華やかに！ /

コロッケ卵サンド

● 材料（大人2＋子ども1）

＜具材＞各適量
コロッケ
せん切りキャベツ
スライストマト

＜スクランブルエッグ＞
A ┌ 卵…2個
  │ 牛乳…大さじ2
  └ 塩…少々

● 作り方

1. ロールパンは中央に切り込みを入れておく。コロッケは2～3等分に切る。
2. 耐熱ボウルにAを加えてよく混ぜ合わせ、電子レンジで1分30秒加熱する。一度取り出し、固まりをほぐし、さらに30秒加熱する。全体を混ぜ合わせる。
3. お好みの具材をロールパンにはさむ。

POINT 泡だて器やフォークなどで固まりを潰すようによく混ぜ合わせると、ふわふわなスクランブルエッグになります。

大人のためのちょい足しタレ

子ども向けの味付けだと、ちょっと物足りない…。
そんなときにちょい足しできる、どんなレシピにも合うタレとドレッシングのレシピです。

\ にらのパンチがGood! /
にらダレ

● 材料 (作りやすい分量)

にら…1/3束 (30g)
砂糖…大さじ1/2
白ごま…大さじ1/2
しょうゆ…大さじ1
酢…大さじ1
ごま油…大さじ1

● 作り方

1. にらは1cm幅に切る。
2. すべての材料を混ぜ合わせる。

このタレにおすすめなのは…

豚肉とキャベツの
重ね蒸し (48p)

キャベツと豚肉の
重ね炊き (62p)

\ レモンの酸味がさわやか /
ねぎ塩ダレ

● 材料 (作りやすい分量)

長ねぎ…1/3本 (30g)
塩…小さじ1/3
砂糖…小さじ1/2
レモン汁…大さじ1
ごま油…大さじ1
黒こしょう…少々

● 作り方

1. 長ねぎはみじん切りにする。
2. すべての材料を混ぜ合わせる。

このタレにおすすめなのは…

豚肉とキャベツの
重ね蒸し (48p)

にらともやしの
円盤餃子 (98p)

\ オイルのうま味とピリッと辛い /
わさびドレッシング

● 材料 (作りやすい分量)

わさび (チューブ) …小さじ1/2
砂糖…大さじ1/2
しょうゆ…大さじ1
オリーブ油…大さじ1

● 作り方

すべての材料を混ぜ合わせる。

このタレにおすすめなのは…

鶏手羽元とかぶの
ポトフ (107p)

ブロッコリーとツナの
炊き込みピラフ (65p)

\ 辛味の中に甘味も感じる /
ピリ辛甘みそ

● 材料 (作りやすい分量)

みりん…大さじ2　　豆板醤…小さじ1
砂糖…小さじ1　　　みそ…大さじ1

● 作り方

1. 耐熱容器にみりんを入れて電子レンジで50秒ほど加熱する（沸騰させるため、少し大きめの容器に入れる）。
2. 1に残りの材料を加えて混ぜ合わせる。

このタレにおすすめなのは…

**鶏と納豆の
つくね焼き** (54p)

**鮭のちゃんちゃん
焼き釜めし** (110p)

\ 酸味とにんにくが合う /
ヨーグルトシーザー

● 材料 (作りやすい分量)

塩…小さじ1/4
砂糖…小さじ1/2
にんにく（すりおろし）
　　…小さじ1/3
オリーブ油…大さじ1
プレーンヨーグルト…大さじ3
黒こしょう…少々

● 作り方

すべての材料を混ぜ合わせる。

このタレにおすすめなのは…

**ひっくり返さない
スパニッシュ
オムレツ** (54p)

**たらのソテー
茹で卵いらずの
タルタルソース** (100p)

\ からしがピリッと効果的！ /
マヨポンからし

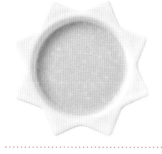

● 材料 (作りやすい分量)

からし（チューブ）…小さじ1
ポン酢しょうゆ…大さじ1
マヨネーズ…大さじ2

● 作り方

すべての材料を混ぜ合わせる。

このタレにおすすめなのは…

**つやぷるレンジ
肉団子** (43p)

**卵いらずの
あじフライ** (94p)

\ 甘さがくせになる /
ハニーマスタード

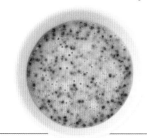

● 材料 (作りやすい分量)

はちみつ…大さじ1
マヨネーズ…大さじ1
粒マスタード…大さじ2

● 作り方

すべての材料を混ぜ合わせる。

このタレにおすすめなのは…

**ささみの青のり
ピカタ** (49p)

**めかじきの
竜田揚げ焼き** (46p)

「もしも…」で役立つお助けレシピ

子どもの体調がすぐれないとき、どんな食事にしたらいいのでしょうか。
症状別におすすめのレシピを紹介します。
基本的には消化がよくてやわらかいもの、あっさりとしたものがよいです。

卵がゆ

卵とだしの
やさしい味わい

● 材料（子ども 1）※体調によって分量は調節

ごはん…～50g
だし汁…200ml
溶き卵…1/2個分
A ┌ 小ねぎ（小口切り）…1本（5g）
　├ しょうゆ…小さじ1/2
　└ しょうが（すりおろし）…少々

● 作り方

1. 鍋にごはんとだし汁を入れて中火にかけ、煮立ったら弱火にしてときどき混ぜながら10分ほど煮る。
2. Aを加えて1分ほど加熱し、中火にして溶き卵をまわし入れる。卵に火が通ったら器に盛りつける。

しらすと大根のみそうどん

● 材料（子ども 1）※体調によって分量は調節

うどん…～1/2玉
だし汁…300ml
大根（5mm幅のいちょう切り）…40g
しらす干し…10g
みそ…小さじ1/3
青のり…少々

● 作り方

1. うどんは袋の表記通りに茹でる。
2. 鍋にだし汁と大根を入れて中火にかけ、煮立ったら蓋をして8分ほど煮る。
3. 大根に火が通ったらうどんとしらす、みそを溶き入れて3分ほど煮る。
4. 器に盛り、青のりを散らす。

くたくたに煮込んで
消化よく

胃腸不良のとき

●材料（子ども1）
※体調によって分量は調節

絹ごし豆腐…40g
キャベツ…20g
にんじん…10g
A｜水…200ml
　｜洋風スープの素（顆粒）
　｜　…小さじ1/3
塩…少々

●作り方

1. にんじんは3cm長さの細切りにする。キャベツは2cm角のざく切りにする。
2. 鍋にAとにんじんを入れて中火にかけ、煮立ったらキャベツを加えて5分ほど煮る。
3. 野菜に火が通ったら豆腐をスプーンですくい入れて温め、塩を加えて味を調える。

豆腐入り野菜スープ

野菜も豆腐もやわらかするっと食べられる

すりおろしりんごゼリー

りんごには整腸作用あり

●材料（カップ4〜5個分）

りんご…1個（200g）
A｜レモン汁…大さじ1
　｜砂糖…35g
　｜水…200ml
粉ゼラチン…5g
水…大さじ2

●作り方

1. りんごは皮をむき、芯をとってすりおろす。小さめの容器に、水を入れて粉ゼラチンをふり入れてふやかしておく。
2. 鍋にAとりんごを加えて中火にかけ、2分ほど煮て火からおろす。
3. 5分ほどおき、少し冷ましたら（80℃ほどまで）ゼラチンを加えて混ぜ合わせる。
4. 器に入れて粗熱が取れたら、冷蔵庫で冷やし固める。

喉が痛いとき

●材料（子ども1）
※体調によって分量は調節

そうめん（乾）…〜30g
かに風味かまぼこ…10g
焼き麩…2個
小松菜…1/2株（20g）
A｜水…300ml
　｜鶏ガラスープの素（顆粒）
　｜　…小さじ1/4
　｜しょうゆ…小さじ1/2

●作り方

1. そうめんは袋の表記通りに茹で、ザルにあげて水気を切っておく。
2. 小松菜は茎は2cm幅に切り、葉は2〜3cm角のざく切りにする。麩は水で戻し、水気を絞り食べやすい大きさに切る。
3. 鍋にAを入れて中火にかけ、2とかにかまをほぐし入れて加えて5分ほど煮る。そうめんを加えて温める。

中華にゅうめん

やさしい中華のやわらかめん

レンジで作る 豆腐卵蒸しパン

冷凍 **6**日

豆腐でもっちり食感！

●材料（直径16cm耐熱ボウル）

絹ごし豆腐…150g
卵…2個
砂糖…大さじ2
バター…20g
ホットケーキミックス
　…150g

●作り方

1. バターは電子レンジで10〜20秒ほど温めて溶かしておく。耐熱ボウルに豆腐を入れて滑らかになるまでよく混ぜる。卵を割り入れて、卵白を切るように混ぜ、砂糖と溶かしたバターを加えて混ぜる。
2. ホットケーキミックスを加えて粉っぽさがなくなるまで混ぜる。表面をならしたら空気を抜いて、ボウルのフチをきれいにふき取る。
3. ふんわりとラップをかけて電子レンジで4分加熱する。表面に火が通っていなければ30秒ほど追加加熱をする。
4. 熱いうちにフチからヘラを入れて1周まわしてボウルから剥がしておき、粗熱が取れたらボウルを裏返して取り出す。お好みの大きさに切り分ける。

藤原朋未（ふじわら・ともみ）

管理栄養士／乳幼児食指導士
こども成育インストラクター／国際ナーシングドゥーラ協会調理支援講師
保育園栄養士として勤務し、
離乳食・幼児食・アレルギー食や栄養相談などに携わる。
現在は株式会社エミッシュに所属し、レシピ開発・コラム執筆のほか、
乳幼児食をテーマとした料理教室やセミナー講師を多数務める。
ブログやInstagramにてレシピを公開中。2児の母。
書籍：『マンガでわかる！離乳食はじめてBOOK』（KADOKAWA）などの
料理制作を担当。
blog：「ママ楽ごはん」https://tomomi-fujiwara.blog.jp
Instagram：@tomo_mamaraku

カバー・本文デザイン	眞柄花穂、石井志歩（Yoshi-des.）
撮影	村尾香織
料理アシスタント	栄田莉子
撮影協力	大原美穂、白井千尋、柴田秀子
スタイリング	小松由加
取材協力	ママ友のみなさん
編集協力	石島隆子
校正協力	株式会社ぷれす

作りおき＋帰って15分でいただきます！
すぐラク おうち幼児食

著　者	藤原朋未
発行者	池田士文
印刷所	三共グラフィック株式会社
製本所	三共グラフィック株式会社
発行所	株式会社池田書店
	〒162-0851
	東京都新宿区弁天町43番地
	電話03-3267-6821（代）
	FAX 03-3235-6672

[本書内容に関するお問い合わせ]
書名、該当ページを明記の上、郵送、FAX、または当社ホームページお問い合わせフォームからお送りください。なお回答にはお時間がかかる場合がございます。電話によるお問い合わせはお受けしておりません。また本書内容以外のご質問などにもお答えできませんので、あらかじめご了承ください。本書のご感想についても、当社HPフォームよりお寄せください。
[お問い合わせ・ご感想フォーム]
当社ホームページから
https://www.ikedashoten.co.jp/

23000005